本书出版获得中国社会科学院大学中央高校基本科研业务费资助支持

中国社会科学院大学文库

中东欧国家少数族群语言权利保障研究

以拉脱维亚、斯洛文尼亚为例

赵洪宝 著

40

社会科学文献出版社
SOCIAL SCIENCES ACADEMIC PRESS (CHINA)

"中国社会科学院大学文库"
总　序

  恩格斯说："一个民族要想站在科学的最高峰，就一刻也不能没有理论思维。"人类社会每一次重大跃进，人类文明每一次重大发展，都离不开哲学社会科学的知识变革和思想先导。中国特色社会主义进入新时代，党中央提出"加快构建中国特色哲学社会科学学科体系、学术体系、话语体系"的重大论断与战略任务。可以说，新时代对哲学社会科学知识和优秀人才的需要比以往任何时候都更为迫切，建设中国特色社会主义一流文科大学的愿望也比以往任何时候都更为强烈。身处这样一个伟大时代，因应这样一种战略机遇，2017年5月，中国社会科学院大学以中国社会科学院研究生院为基础正式创建。学校依托中国社会科学院建设发展，基础雄厚、实力斐然。中国社会科学院是党中央直接领导、国务院直属的中国哲学社会科学研究的最高学术机构和综合研究中心，新时期党中央对其定位是马克思主义的坚强阵地、党中央国务院重要的思想库和智囊团、中国哲学社会科学研究的最高殿堂。使命召唤担当，方向引领未来。建校以来，中国社会科学院大学聚焦"为党育人、为国育才"这一党之大计、国之大计，坚持党对高校的全面领导，坚持社会主义办学方向，坚持扎根中国大地办大学，依托社科院强大的学科优势和学术队伍优势，以大院制改革为抓手，实施研究所全面支持大学建设发展的融合战略，优进优出、一池活水，优势互补、使命共担，形成中国社会科学院办学优势与特色。学校始终把立德树人作为立身之本，把思想政治工作摆在突出位置，坚持科教融合、强化内涵发展，在人才培养、科学研究、社会服务、文化传承创新、国际交流合作等方面不断开拓创新，为争创"双一流"大学打下坚实基础，积淀了先进的发展经验，呈现蓬勃的发展态势，成就了今天享誉国内的"社科大"品牌。"中国社会科学院大学文库"就是学校倾力打造的学术品牌，如果将学校之前的学术研究、学术出版比作一道道清澈的溪流，"中国社会科学院大学文库"的推出可谓厚积薄发、百川归海，恰逢其时、意义深远。为其作序，我深感荣幸和骄傲。

高校处于科技第一生产力、人才第一资源、创新第一动力的结合点，是新时代繁荣发展哲学社会科学，建设中国特色哲学社会科学创新体系的重要组成部分。我校建校基础中国社会科学院研究生院是我国第一所人文社会科学研究生院，是我国最高层次的哲学社会科学人才培养基地。周扬、温济泽、胡绳、江流、浦山、方克立等一大批曾经在研究生院任职任教的名家大师，坚持运用马克思主义开展哲学社会科学的教学与研究，产出了一大批对文化积累和学科建设具有重大意义、在国内外产生重大影响、能够代表国家水准的重大研究成果，培养了一大批政治可靠、作风过硬、理论深厚、学术精湛的哲学社会科学高端人才，为我国哲学社会科学发展进行了开拓性努力。秉承这一传统，依托中国社会科学院哲学社会科学人才资源丰富、学科门类齐全、基础研究优势明显、国际学术交流活跃的优势，我校把积极推进哲学社会科学基础理论研究和创新，努力建设既体现时代精神又具有鲜明中国特色的哲学社会科学学科体系、学术体系、话语体系作为矢志不渝的追求和义不容辞的责任。以"双一流"和"新文科"建设为抓手，启动实施重大学术创新平台支持计划、创新研究项目支持计划、教育管理科学研究支持计划、科研奖励支持计划等一系列教学科研战略支持计划，全力抓好"大平台、大团队、大项目、大成果""四大"建设，坚持正确的政治方向、学术导向和价值取向，把政治要求、意识形态纪律作为首要标准，贯穿选题设计、科研立项、项目研究、成果运用全过程，以高度的文化自觉和坚定的文化自信，围绕重大理论和实践问题展开深入研究，不断推进知识创新、理论创新、方法创新，不断推出有思想含量、理论分量和话语质量的学术、教材和思政研究成果。"中国社会科学院大学文库"正是对这种历史底蕴和学术精神的传承与发展，更是新时代我校"双一流"建设、科学研究、教育教学改革和思政工作创新发展的集中展示与推介，是学校打造学术精品、彰显中国气派的生动实践。

"中国社会科学院大学文库"按照成果性质分为"学术研究系列""教材系列""思政研究系列"三大系列，并在此分类下根据学科建设和人才培养的需求建立相应的引导主题。"学术研究系列"旨在以理论研究创新为基础，在学术命题、学术思想、学术观点、学术话语上聚焦聚力，推出集大成的引领性、时代性和原创性的高层次成果。"教材系列"旨在服务国家教材建设重大战略，推出适应中国特色社会主义发展要求、立足学术和教学前沿、体现社科院和社科大优势与特色、辐射本硕博各个层次、涵盖纸质和数字化等多种载体的系列课程教材。"思政研究系列"旨在聚焦重大理论问题、工作探索、实践经验等领域，推出一批思想政治教育领域具有影响力的理论和实践研究成果。文库将借助与社会科学文献出版社的战略合作，加大高层次成果的产出与传播。既突出学术研究的理论性、学术性和创新性，推出新时代哲学社会科学研究、教材编写和思政研究的最新理论成果；又注重引导围绕国家重大战略需求开展前瞻性、针对性、储备性政策研究，推出既通"天线"又接"地气"，能有效发挥思想库、智囊团作用的智库研究成果。文库坚持"方向性、开放式、高水平"的建设理念，以马克思主义为领航，严把学术出版的政治方向关、价值取向关、学术安全关和学术质量关。入选文库的作者，既有德高望重的学部委员、著名学者，又有成果丰硕、担当中坚的学术带头人，更有崭露头角的"青椒"新秀；既以我校专职教师为主体，也包括受聘学校特聘教授、岗位教师的社科院研究人员。我们力争通过文库的分批、分类持续推出，打通全方位、全领域、全要素的高水平哲学社会科学创新成果的转化与输出渠道，集中展示、持续推广、广泛传播学校科学研究、教材建设和思政工作创新发展的最新成果与精品力作，力争高原之上起高峰，以高水平的科研成果支撑高质量人才培养，服务新时代中国特色哲学社会科学"三大体系"建设。

历史表明，社会大变革的时代，一定是哲学社会科学大发展的时代。当代中国正经历着我国历史上最为广泛而深刻的社会变革，也正在进行着人类历史上最为宏大而独特的实践创新。这种前无古人的伟大实践，必将给理论创造、学术繁荣提供强大动力和广阔空间。我们深知，科学研究是永无止境的事业，学科建设与发展、理论探索和创新、人才培养及教育绝非朝夕之事，需要在接续奋斗中担当新作为、创造新辉煌。未来已来，将至已至。我校将以"中国社会科学院大学文库"建设为契机，充分发挥中国特色社会主义教育的育人优势，实施以育人育才为中心的哲学社会科学教学与研究整体发展战略，传承中国社会科学院深厚的哲学社会科学研究底蕴和40多年的研究生高端人才培养经验，秉承"笃学慎思明辨尚行"的校训精神，积极推动社科大教育与社科院科研深度融合，坚持以马克思主义为指导，坚持把论文写在大地上，坚持不忘本来、吸收外来、面向未来，深入研究和回答新时代面临的重大理论问题、重大现实问题和重大实践问题，立志做大学问、做真学问，以清醒的理论自觉、坚定的学术自信、科学的思维方法，积极为党和人民述学立论、育人育才，致力于产出高显示度、集大成的引领性和标志性原创成果，倾心于培养又红又专、德才兼备、全面发展的哲学社会科学高精尖人才，自觉担负起历史赋予的光荣使命，为推进新时代哲学社会科学教学与研究，创新中国特色、中国风骨、中国气派的哲学社会科学学科体系、学术体系、话语体系贡献社科大的一份力量。

（张政文　中国社会科学院大学党委常务副书记、校长，中国社会科学院研究生院副院长、教授、博士生导师）

目 录

绪 论 …………………………………………………………… 001
  第一节　选题来源及研究意义 ………………………………… 001
  第二节　国内外研究现状 ……………………………………… 012
  第三节　研究方法及创新点 …………………………………… 024

第一章　语言权利界定与分析框架 …………………………… 026
  第一节　语言权利界说 ………………………………………… 026
  第二节　基于语言规划论的语言权利保障 …………………… 036
  小　结 …………………………………………………………… 045

第二章　欧洲区域少数族群语言权利保障 …………………… 047
  第一节　欧洲委员会框架下少数族群语言权利保障机制 …… 047
  第二节　欧洲联盟框架下少数族群语言权利保障机制 ……… 059
  第三节　欧洲区域少数族群——罗姆族语言权利保障机制 … 065
  小　结 …………………………………………………………… 072

第三章　拉脱维亚少数族群语言权利保障 …………………… 075
  第一节　拉脱维亚的总体语言情况 …………………………… 075
  第二节　拉脱维亚族语言权利保障的规划机制 ……………… 081
  第三节　俄罗斯族语言权利保障的规划机制 ………………… 090
  第四节　真正意义上少数族群罗姆族语言权利保障的
          规划机制 ……………………………………………… 097

第五节　拉脱维亚不同少数族群语言权利保障特点……………… 100
　　小　　结……………………………………………………………… 106

第四章　斯洛文尼亚少数族群语言权利保障………………………… 107
　　第一节　斯洛文尼亚总体语言情况………………………………… 107
　　第二节　本土匈牙利族、意大利族语言权利保障的规划机制…… 115
　　第三节　原联邦国家的少数族群语言权利保障的规划机制……… 120
　　第四节　真正意义上少数族群罗姆族语言权利保障的
　　　　　　规划机制…………………………………………………… 124
　　第五节　斯洛文尼亚不同少数族群语言权利保障的特点………… 130
　　小　　结……………………………………………………………… 136

第五章　少数族群语言权利保障问题与完善………………………… 137
　　第一节　拉脱维亚、斯洛文尼亚少数族群语言权利保障的
　　　　　　演进背景…………………………………………………… 137
　　第二节　拉脱维亚、斯洛文尼亚两国不同少数族群语言
　　　　　　权利保障问题……………………………………………… 147
　　第三节　少数族群语言权利保障之完善…………………………… 160

结　语…………………………………………………………………… 171
附录一…………………………………………………………………… 175
附录二…………………………………………………………………… 192
参考文献………………………………………………………………… 202

绪　论

第一节　选题来源及研究意义

　　语言是多样文化资源的重要载体，是各个族群重要的标记和认同的符号，是交流的重要媒介。语言维系着文化血脉的传统、不同语言群体间思想交流的传输、语言群体内历史文化的传承。语言是以绚烂的辞藻、严谨的句法、深厚的含义去描绘文化和历史，传播思想和精神。在这个多语的世界里，语言群体以及成员使用本族群语言是一个难以改变的习惯。当语言群体，尤其是少数族群（一国或一个区域内）以及成员进入了由语言的线编织的教育、司法、行政、媒体等领域，自然就会对本族群的语言使用产生关切。

　　中东欧地区作为世界上民族构成和语言状况最为复杂的地区之一，在近一个世纪经历了一系列民族自决独立、国家版图改变的重大历史事件，导致其族群结构发生重大变化，民族和语言关系更加错综复杂，针对中东欧国家的语言权利研究具有一定的价值。相比于主体民族，少数族群易受伤害的特质使得其语言权利问题受到更为广泛的关注。为了更好地聚焦分析语言权利问题，本书将少数族群划分为真正意义上的少数族群、原联邦国家的少数族群以及国家认定的本土少数族群[1]，通过对中东欧地区的拉脱维亚、斯洛文尼亚在少数族群语言权利保障方面的介绍与分析，探究两个核心问题：一是不同少数族群语言权利保障的特点与异同是什么；二是语言权利保障规划机制是语言权利保障最重要的方式，该机制保障的效果如何，存在什么问题，有无其他路径可以探索。

一 研究背景

（一）语言权利保障研究的现实背景

语言权利强调的一些观点或许比较新颖，但其涉及的问题不是新的。[2]有关语言权利的关切有着丰富的社会实践和深厚的历史背景。

第一，生态理论引发的语言生态的思考及语言多样性受到威胁的现实。

多样的生物生活在多样的生态环境中，生态平衡被破坏会引起不良的后果。语言生态环境由语言及语言使用者组成。当语言生态环境受到了威胁，语言生态系统就会失衡，出现语言死亡、语言转用等。同世间

---

[1] 将少数族群进一步划分为绝对意义或真正意义上的少数族群及相对意义上的少数族群（特定范围内的少数族群），是学界较为认可的方式。为了便于阐述及对比分析拉脱维亚、斯洛文尼亚两国的实践，本书基于两国族群组成将相对意义上的少数族群分为居住在两国且属于原联邦其他国家或共和国主体民族的少数族群·（简称原联邦国家的少数族群）、国家认定的本土少数族群及其他（因其他少数族群人口数量较少或不具有典型性，故本书不做深入研究）。笔者在仔细分析两国族群组成后，确定原联邦国家的少数族群与国家认定的本土少数族群间并无重合，但此分类并不一定适用于其他国家。根据以上分类，本书将斯洛文尼亚境内国家认定的本土少数族群——意大利族和匈牙利族（特指斯洛文尼亚宪法中明确的本土意大利族群和本土匈牙利族群），原联邦国家的少数族群——塞尔维亚族、克罗地亚族（其他少数族群如黑山族等人口数量较少，故本书不做深入研究）以及真正意义上的少数族群——罗姆族作为主要研究对象；因拉脱维亚未有明确的本土少数族群划定［拉脱维亚在《欧洲保护少数群体框架公约》（简称《框架公约》）国家报告中只提及了少数族群］，本书将拉脱维亚境内原联邦国家的少数族群——俄罗斯族（简称俄族，因其他少数族群如爱沙尼亚族、立陶宛族等人口数量较少或不具有典型性，故本书不做深入研究）、真正意义上的少数族群——罗姆族作为主要研究对象。

[2] 〔匈〕米克洛什·孔特劳等编《语言：权利和资源——有关语言人权的研究》，李君、满文静译，外语教学与研究出版社，2014，第1页。

万物一样，语言是有生命的。当语言依附于强大群体时，语言就展现出强大的生命力；当语言依附于弱小群体时，语言就会显得脆弱、无助。到 21 世纪末，世界上 90% 的语言将被强势语言取代，平均每两个星期就有一种语言消失。① 语言如以这样的速度消亡，未来世界上可使用的语言寥寥。欧洲委员会制定的多语种教育政策传递了语言均有其价值，每个人都应有其语言权利，多语教育对于欧洲公民是有益无害的信息。② 语言是文化的重要表现形式和载体，文化的多样部分表现为语言的多样，语言的多样性可以保护文化的多样性。

20 世纪 60 年代和 70 年代受欧洲民族主义思想的影响，政界或学界曾认为语言多样性会引起不同语言群体间的语言冲突。瑞兹认为语言规划存在三种取向："语言作为问题"（language as problem）、"语言作为权利"（language as right）、"语言作为资源"（language as resource）。"语言作为问题"取向：把少数族群语言作为主体民族语言的障碍，以多语语言政策过渡到单语语言政策为特点，目标是实现语言和文化的同化。"语言作为权利"取向：体现在保障世界各地语言人权的各种措施中，其中少数族群既学习强势语言，同时也保持对本族群语言的使用。"语言作为资源"取向：将语言多样性和多语种教育理解为母语者和非母语者的资源。③ 李宇明也认为语言问题、语言资源和语言权利是人类当今谈论的三大"语言话题"。④ 随着时代的进步，语言是一种资源的思想已经慢慢取代了"语言作为问题"的观念。

全球化时代下，语言生态环境中有限公共领域的大部分空间被"一家独大"的英语占领的事实、部分少数族群语言空间被严重挤压的现状促使各界重新审视语言多样性的意义。目前，从国际组织、区域组

---

① 纳日碧力戈：《关于语言人类学》，《民族语文》2002 年第 5 期，第 43~46 页。
② 〔美〕戴维·约翰逊：《语言政策》，方小兵译，外语教学与研究出版社，2016，第 52 页。
③ Richard Ruiz, "Orientation in Language Planning", NABE Journal, Vol. 8, No. 2, 1984, pp. 15-34.
④ 李宇明：《当今人类三大语言话题》，《云南师范大学学报》（哲学社会科学版）2008 年第 4 期，第 21~26 页。

织、各国以及其他非政府组织的行动和出台的倡议文件来看，各方就保护语言多样性已逐步达成了共识。联合国教科文组织发布的《语言活力与语言濒危》开篇提到，语言多样性是人类最重要的遗产。每一种语言都蕴藏着一个民族独特的文化智慧，任何一种语言的消亡都将是整个人类的损失。为应对语言所面临的威胁，语言族群、语言专业人员、非政府组织和各国政府的通力合作必不可少。[1]

第二，语言对族群认同和国家认同的重要意义。

首先，语言对于族群认同的意义。"语言是民族标志和民族认同的象征。"[2] 语言外在体现为交际或交流符号，内在体现为族群的文化特征。德国哲学家费希特认为使用同一种语言的人们相互间有着无形的巨大吸引力，从而聚集起来形成了不可分割的整体。[3] 维系族群认同的纽带是语言、文化、习俗、宗教等因素，当这些纽带消失后，族群的认同便很难再建立起来。

其次，语言对于国家认同的意义。国家是文化、民族、政治制度的共同体。在国家共同体内，各族群及成员拥有一种超越民族身份的国民身份认同感。"国家认同是指公民对于国家政治制度、历史文化及公民身份等的认同及由此产生的对国家的忠诚感。"[4] "从性质上来看，民族认同更多的是一种文化认同，国家认同则是一种基于政治合法性和意识形态的认同。"[5] 现代民族国家兴起之前的欧洲，语言与国家认同并没有必然的联系。[6] 民族国家兴起后，在法国通过法语促进法兰西认同经

---

[1] 范俊军编译《联合国教科文组织关于保护语言与文化多样性文件汇编》，民族出版社，2006，第30~51页。

[2] 戴曼纯、刘润清：《波罗的海国家的语言政策与民族整合》，《俄罗斯中亚东欧研究》2010年第4期，第17~24页。

[3] Johann Gottlieb Fichte, *Address to the German Nation*, trans. by R. F. Jones and G. H. Turnbull, George A. Kelly (eds.), New York: Harper Torch Books, 1968, pp. 190-191.

[4] 吴玉军、刘娟娟：《国家认同视域下的苏联解体原因探析及启示》，《南通大学学报》（社会科学版）2018年第5期，第50~56页。

[5] 高永久、朱军：《论多民族国家中的民族认同与国家认同》，《民族研究》2010年第2期，第26~35页。

[6] 田鹏：《认同视角下的欧盟语言政策研究》，博士学位论文，上海外国语大学，2010，第27页。

典范例的扩散效应影响下，大多数民族国家以"一个国家、一种语言"为促进国家认同的重要原则。语言既被视为一种文化财富，又被看成国家认同建立的重要方式。

苏维埃社会主义共和国联盟（简称"苏联"）、南斯拉夫社会主义联邦共和国（简称"南联邦"）解体后产生了许多新独立国家。新独立国家建构过程中，族群认同和国家认同中少数族群语言因素被各国因各自的立场而定义为"正因子"或"负因子"。

第三，冷战后国家建构过程中国语的确立和少数族群语言边缘化的"对立"。

李宇明将语言生活分为国家或超国家层面的宏观语言生活、各行业或各地区的中观语言生活、同个人的生活和生存息息相关的微观语言生活三个层级。[①] 主体民族及其成员享有被社会规则和惯例保障的天然群体优势，因此在宏观、中观及微观语言生活中语言权利均可得以"理所应当"实现。中观语言环境对于语言的传承和延续至关重要，如果语言无法在中观语言环境中使用，无论这种语言使用者数量多少，语言使用范围分布广泛或集中，其消亡只是时间问题。一国之内，极少的少数族群语言可以在宏观语言生活中使用，部分少数族群语言可以在中观语言环境中使用。

冷战后，大多数新独立国家第一时间确立国家语言或官方语言，并通过国家立法来巩固其地位。中东欧十六国中，只有波黑和捷克两国没有在宪法中对于官方语言或国语有具体的规定。少数族群语言权利保障主要防范国家公权力有意或无意地进行语言同化。从某种意义上讲，现代国家推广官方语言或国家通用语"推动了"语言同化的进程。语言同化的路径分为两种。一是语言群体内部，基于个体发展的需要和获得潜在利益的愿望，部分个体主动学习国语，并逐步放弃对本族群语言的使用，语言使用者发生了部分或全部语言转用。这种情

[①] 李宇明：《论语言生活的层级》，《语言教学与研究》2012年第5期，第1~10页。

况取决于该语言群体的经济、社会以及文化地位,该语言群体与主体民族间的密切程度,以及社会的流动性等因素。二是国家对于"一国、一语言"奉行的态度。国家通过立法规定国语的适用范围,与此同时限定少数族群语言的适用范围。有学者认为语言权利的反概念是语言同化和语言歧视。① 语言同化和语言歧视就是对语言权利的一种威胁和伤害。

随着民族国家国语的确立,不同语言群体间的政治地位、社会地位以及所拥有的社会资源等具有一定的不可比性、明显的不对称性成为一个不争的事实。这种特质在主体民族和少数族群的关系中体现得尤其显著。

综上所述,无论是语言生态理论视阈下维护语言多样性迫切的需求、语言对于族群认同及国家认同建立的重要作用,还是国家内国语与少数族群语言在地位或使用范围上显著不平等的现实都说明了语言对于族群和国家的重要性以及少数族群语言劣势的显著性。少数族群语言权利保障可以保持和发展语言、文化的多样性,调节失衡的语言生态,维护语言群体的归属感,有助于语言的发展和延续。

(二) 语言权利共识建立的历史发展简述

虽然个体均具有使用族群语言的权利,但语言权利受到关注始于少数族群权利保护意识的建立。随着维持和发展语言多样性得到较为广泛的认同,以及少数族群语言生存空间的逐渐缩小,少数族群与主体民族相比易受伤害等问题的凸显,国际组织、区域组织、国家政府、非政府组织开始给予语言权利极大关注。②

首先,具有语言因素的少数族群权利认同的逐步建立。族群权利的根基是20世纪中叶保护人权的法规。关于人权的立法,一方面产生于

---

① 肖建飞:《语言权利的立法表述及其相反概念》,《中央民族大学学报》(哲学社会科学版) 2012 年第 3 期, 第 57~66 页。
② 郭友旭:《语言权利的法理》,云南大学出版社,2010,第 123 页。

人类对两次世界大战相关事件的普遍恐惧,另一方面也起因于防止易受伤害的少数族群遭受虐待和避免暴行再次发生的普遍愿望。① 少数族群在第一次、第二次世界大战期间的遭遇让全世界人民都铭记在心。联合国大会在《少数族群命运》的决议中沉痛表示:"再也不能对少数民族的命运漠然不顾了。"②

二战结束后,少数族群权利得到了关注,但尚未达到共识达成阶段。《联合国宪章》和《世界人权宣言》以"平等与非歧视"为原则,立足保护个人的人权和自由。而后,有关反歧视的条文、宪章或公约相继出台:如《防止及惩治灭绝种族罪公约》《消除一切形式种族歧视国际公约》《公民权利和政治权利国际公约》《种族与种族偏见问题宣言》等。联合国层面比较全面地遵循和贯彻反歧视这一最重要原则,这也为保护少数族群权利提供了有力的支撑。在历史复杂、文化多样的欧洲地区,《欧洲保护人权与基本自由公约》(简称《欧洲人权公约》)、《欧洲社会宪章》等有关人权的公约或宪章也相继出台。

在以西方国家为主导的国际法体系内,重要的国际人权公约明确了权利主体具有语言特性的事实,但对少数族群语言权利的保障仅仅限于"平等"和"非歧视"的原则层面,缺乏具体实践保障措施。

其次,基于少数族群权利的语言权利"小族"特质性被逐步认可。联合国出台的《在民族或种族、宗教和语言上属于少数群体的人的权利宣言》(1992年)、欧洲委员会出台的《欧洲保护少数群体框架公约》等专门保护少数族群权利的宣言或倡议的颁布意味着保障少数族群的机制已经开始建立。欧洲委员会下设机构欧洲民主法治委员会起草了《欧洲保护少数族群公约提案》。该文件规定,包括语言少数群体在内的所有少数族群,应享有"尊重、保护和发展他们的种族、宗教和

---

① Asbjørn Eide, "Ethnic Conflicts and Minority Protection: Roles for the International Community", in Kumar Rupesinghe and Valery A. Tishkov (eds.), *Ethnicity and Power in the Contemporary World*, New York: United Nations University Press, 1996, pp.263-286.
② 周少青:《少数民族权利保护的国际共识和国家义务(四)》,《中国民族报》2012年7月6日,第8版。

语言认同"的权利（第3条第2款）。个人享有"在公共场合及私下自由使用自己语言"的权利（第7条）。[①] 旨在保护和发展欧洲文化遗产的《欧洲区域或少数群体语言宪章》（简称《语言宪章》）是第一个全面保护少数族群语言使用的区域性条约。相关各国在宪法中均表达了尊重少数族群语言、文化及历史的积极态度。

欧洲地区的地区性协定和相关国家的立法体现出区域组织及各国政府在少数族群权利保障方面开始逐步承认语言的多样性以及其价值的倾向。这些转变具体体现为：对少数族群的权利保护由"消极保护"向"积极保护"过渡、对少数族群语言权利进行保护的共识逐步达成。虽然倡议性文件或多边协议的宗旨和主要原则都比较宏大，在具体操作和实现环节上欠缺一定的强制性和约束力，但对于保护和发展语言多样性和语言权利保障的积极态度是极其鲜明的。[②]

最后，语言权利的保障路径仍在探索。《语言宪章》是首个有关少数族群语言保护的区域宪章，对维护和发展欧洲地区文化遗产、各国间的和谐共处以及少数族群的语言保护提出了具体的要求，也为各国指明了行动的方向。沃森认为："直到最近，语言人权才得到真正意义上的重视。以往只有那些在政治上或经济上处于强势地位群体的权利会引起关注，其他群体的语言人权都被忽视了。"[③] 赖特也认为："语言人权直到最近才得到认可。直到20世纪末，一个语言社区能否在公共领域使用族群语言取决于族群政治权威或主导群体容忍度等因素。执政当局可能允许在公共领域、政府机构中使用除国语之外其他语言，但这种权利

---

① 〔芬〕托弗·斯库特纳布-坎加斯、〔丹〕罗伯特·菲利普森：《语言人权的历史与现状》，高建平译，载中国社会科学院民族研究所"少数民族语言政策比较研究"课题组、国家语言文字工作委员会政策法规室编《国外语言政策与语言规划进程》，语文出版社，2001，第300页。
② 肖建飞：《语言权利研究——关于语言的法律政治学》，法律出版社，2012，第190~196页。
③ Keith Watson, "Language Education and Ethnicity: Whose Rights Will Prevail in an Age of Globalisation?" *International Journal of Educational Development*, Vol. 27, 2007, pp. 252 - 265.

并没有作为人权而被普遍接受。"①

联合国起草并通过的国际法律文件中，尚没有关于"语言人权"（language human rights）或"语言权"（language rights）的专项法律文书。世界笔会（PEN International）主持发布的《世界语言权宣言》（巴塞罗那宣言），虽未得到联合国教科文组织的正式认可，但该宣言是对语言权利法典化的一次重大的探索。欧洲地区，欧洲委员会46个成员国中仍有7个国家签署但尚未批准《语言宪章》，14个国家尚未签署及未批准《语言宪章》。② 这些都无疑说明有关少数族群语言权利的共识仍未全面达成。许多国家的宪法、部门法涉及国语或官方语言的使用规则及适用范围，但出台专门的少数族群语言文字法律的国家并不多，这无疑为少数族群语言权利的保障带来了诸多不确定的因素。

回顾联合国、区域和各个国家的相关实践可知，少数族群权利共识已经逐步建立；少数族群语言权利保护受到语言的民族特性和"一国、一语言"原则等因素的影响，语言权利保障的路径还在探索中。

二 研究意义

（一）理论意义

目前，有关语言权利保障的研究明显滞后于实践的发展与实践的需要。尽管学界对于语言权利及语言权利保障已有了一定研究，但对语言权利相关问题的探讨还不够深入，其中较为重要的语言权利保障机制并没有得到充分的论证。笔者在厘清语言权利相关要素的基础上，基于少数族群的分类，对以语言规划理论为基础的保障机制效果进行分析，发现规划机制体现为权力自上而下运作、行为主体较为单一的特点，而这

---

① Sue Wright, "The Right to Speak One's Own Language: Reflections on Theory and Practice", *Language Policy*, Vol. 6, 2007, pp. 203-224.
② 截至2022年底。

些特点从某种程度上限制了除国家之外的其他行为主体参与语言权利保障,阻碍了不同少数族群语言权利诉求的表达,也凸显了不同少数族群语言权利保障实现的差异,因此本书引入多元行为主体视角,基于动态循环、合作协同互动模式及体现多元化诉求的语言治理理论,探索语言权利保障的治理模式,以丰富语言权利的理论体系、拓展和延伸语言规划理论的研究内涵。

(二) 中东欧国家的样本意义

"中东欧"是一个地缘政治概念。中东欧国家既包括传统的东欧国家如阿尔巴尼亚、罗马尼亚、保加利亚、匈牙利和波兰,又包括联邦国家解体后的新独立国家如捷克、斯洛伐克、斯洛文尼亚、克罗地亚、北马其顿、波斯尼亚和黑塞哥维那(简称波黑)、黑山、塞尔维亚、爱沙尼亚、拉脱维亚和立陶宛。[1]

第一,动荡时局导致族群问题凸显。长期以来,中东欧国家在经济、社会、文化、法制等方面的问题受到广泛的关注。伴随着多年的经济、政治以及社会转型的阵痛,民族认同、国家认同、少数族群间融合、国语地位规划等方面的问题都尤为突出,其中少数族群的语言权利问题也受到空前的关注。语言多样性、国语及语言问题的处理在民族问题处理事务中占据着重要地位,尤其在转型后国家,民族问题在少数族群保护机制中扮演着至关重要的角色。[2]

第二,凸显的族群问题促使各国开展族群权利保护实践,引发区域组织的域外关切。独立后的 30 年间,中东欧地区大部分国家在此过程中建立了与人权保护包括少数族群权利(语言权利)保护相关的政策和法律框架,进行了较有成效的实践。虽然语言权利的具体实践属于国家内部问题,但语言权利问题涉及民族团结、国家和地区的稳定,因此

---

[1] 参见《孔田平:从东欧到中东欧》,http://ies.cass.cn/wz/yjcg/zdogj/201601/t20160105_2812367.shtml,最后访问时间:2024 年 8 月 8 日。
[2] Farimah Daftary and François Grin (eds.), "National-building Ethnicity and Language Politics in Transition Countries", *Ethnopolitics*, Vol. 5, No. 2, 2006, pp. 205-206.

也受到地区或国际组织的关注。欧洲委员会和欧盟通过外在驱动力对中东欧国家语言规划和少数族群权利保护进行施压。中东欧国家签署了由欧洲委员会颁布的多个有关少数族群权利方面的宣言、条约，欧洲委员会各职能部门根据职权对各缔约国宣言或条约的具体执行情况进行评估。20 世纪 90 年代末，中东欧多个国家申请加入欧盟。在入盟的准备阶段，各国根据欧盟的相关要求相继修改或出台符合"欧盟标准"的法律法规。欧盟特别关注中东欧入盟候选国在少数族群保护方面的进展。

第三，拉脱维亚和斯洛文尼亚的典型样本意义。波罗的海三国的少数族群尤其是俄裔使用俄语的权利保护问题长期受到国际社会的广泛关注。根据波罗的海三国主体民族及少数族群组成的实际情况，可以简单地将三国划分为少数族群占总人口超过 20% 的拉脱维亚、爱沙尼亚以及少数族群占总人口低于 10% 的立陶宛两种类型。立陶宛的少数族群人口数量比较少，少数族群问题并不突出，故学界在讨论波罗的海三国的少数族群问题时，主要是指拉脱维亚和爱沙尼亚两个国家。捷克、斯洛伐克、波兰、罗马尼亚等为非苏联加盟共和国，因此苏联对于这些国家在各个方面的影响都比较有限。前南联邦成员北马其顿、黑山、波黑、塞尔维亚经济基础一般，少数族群权利保护方面经验较少。斯洛文尼亚、克罗地亚两国已成功入盟。相比克罗地亚，斯洛文尼亚的经济发展水平较高，其在少数族群保护方面尤其是在罗姆族的保护方面颇有建树，堪称典范。

拉脱维亚和斯洛文尼亚的典型性研究价值体现在如下几个方面。第一，当代拉脱维亚和斯洛文尼亚分别为苏联和南联邦解体后重新独立的国家，都面临着国家重建的任务。拉脱维亚和斯洛文尼亚独立前均属于原联邦国家的加盟共和国。独立后，在国家建构和"向西看"的过程中，国家需要在各个方面重新定位，寻找国家发展的方向，调整步伐。在此过程中，两个国家中的少数族群，如俄罗斯族、塞尔维亚族、克罗地亚族以及罗姆族群体问题凸显，少数族群语言权利的诉求在国家纷纷确定官方语言或国家语言、明确公共领域中语言使用的具体要求的情况下显得越发强烈。第二，联邦解体后，国家内部的少数族群组成都较为复杂，包含了国家认定的本土少数族群、原联邦国家的少数族群以及真正意义上的少数族群。多样的族群组成以及少数族群与主体民族间微妙的关系都使得语言权利问题变得复杂。复杂的民族及语言问题可以在很大程度上凸显国家保障少数族群语言权利的作为或不作为情况。第三，拉脱维亚和斯洛文尼亚均具有小国寡民的特征。拉脱维亚国土面积约为6.5万平方公里，人口为200万人左右，地处波罗的海地区。① 斯洛文尼亚国土面积仅为2万平方公里，人口约200万人，地处纷争不断的巴尔干地区。② 小国寡民的特性，复杂的族群组成，错综复杂的地缘关系，以及区域组织对于国家政策制定的影响都体现了对两国进行研究的独特价值。

少数族群语言权利保障关乎族群认同、国家认同、社会稳定，本书选取拉脱维亚和斯洛文尼亚作为观察对象，分析两国的不同少数族群语言权利在保障规划机制框架下的实现情况，总结两国的共性问题，探索促使少数族群语言权利有效实现的路径。

第二节　国内外研究现状

一　国外研究现状

国外对于语言权利的研究主要涉及社会学、语言学及政治学等相关学科。目前，有关语言权利的著作和论文主要涉及语言权利要素范畴——权利主体、义务主体、权利内容的讨论，或回溯少数族群语言权

---

① 李兴汉编著《列国志·波罗的海三国》，社会科学文献出版社，2010，第9页；拉脱维亚统计局网站，https://www.csb.gov.lv/en，最后访问时间：2023年8月2日。
② 汪丽敏编著《列国志·斯洛文尼亚》，社会科学文献出版社，2006，第1页；斯洛文尼亚统计局网站，https://www.stat.si/statweb，最后访问时间：2023年8月2日。

利的发展历史，或从不同的切入点如语言多样性、语言濒危、语言平等、语言与认同等角度进行理论探讨，或基于国别或地区场景分析语言权利的实践路径等。

1. 有关语言权利历史的回溯

斯库特纳布-坎加斯和菲利普森认为，语言权利在西方法律文本中出现可以追溯到1815年前，他们将语言权利的相关概念在国际法文本中形成和发展的历程分为五个阶段。第一阶段是1815年之前。"一国、一民族、一语言"原则下，单语制被广泛接纳。第二阶段是1815年至第二次世界大战前（1815～1939年）。1815年《维也纳会议决议》涵盖了保护少数族群的提议。国家宪法（奥地利宪法）实践中也承认了语言权利。第三阶段是第二次世界大战期间（1939～1945年）。国际联盟时期，更多的条约加入了保护少数族群权利的条款，语言权利作为少数族群的一项权利被逐步确立下来。第四阶段是1945年到20世纪70年代。这一时期出台的决议或倡议主要体现了不能以"语言"的身份差异性作为歧视或不公平对待的理由。第五阶段是20世纪70年代后。1992年联合国《在民族或种族、宗教和语言上属于少数群体的人的权利宣言》的出台标志着少数族群语言权利共识初步建立。[①] 20世纪90年代初期，世界经历巨大的变革和动荡，国际社会和地区对于语言权利的关注也进入了聚焦阶段，语言权利逐渐被国际社会认可为重要的权利之一，一些国家通过立法或行政手段来保障语言权利的顺利实现。

2. 关于语言权利的理论探讨

目前，联合国并未出台关于语言权利的决议。世界笔会的《世界语言权宣言》是语言权利法定化的具体尝试，但尚未得到正式认可的事实也从侧面说明关于语言权利各界尚未完全达成共识。学界有关语言权利是否为人权的争议颇多。金里卡等的《语言权利与政治理论》一

[①] Tove Skutnabb-Kangas and Robert Phillipson, "Linguistic Human Rights Past and Present", in Tove Skutnabb-Kangas and Robert Phillipson (eds.), *Linguistic Human Rights: Overcoming Linguistic Discrimination*, Berlin: Mouton de Grayter, 1994, pp. 71-110.

文明确指出任何国家均无法在语言问题上保持中立的现实,并深入探讨了推行国语或推广国家通用语的合理性。同时该文也质疑了语言权利作为人权在国际法认可上的可行性以及在实践中的可操作性。[1] 该文对语言权利是否为人权的提问也引发了语言权利研究的最根本思考。帕斯通的《语言政策和语言权利》一文认为语言权利作为人权在理论上缺乏一定的说服力。[2] 联合国专家积极推动将保护少数族群语言作为一种人权义务。但鉴于语言问题的敏感性,联合国也仅仅通过呼吁的方式,以期得到各个国家积极的响应。

在有关语言权利具体划分的讨论上,帕斯通对语言权利概念进行了翔实分析,对属地原则和属人原则、集体权利和个人权利分类进行了梳理,认为语言权利应该从本地化而非普遍性角度去诠释。[3] 克洛斯认为境内的迁徙者应享有与迁入区同族居民相同的语言权利。这与属地权利分类标准类似。克洛斯的《移民群体的语言权利》一文主要讨论了移民语言权利问题,并开创性地提出宽容性语言权利和促进性语言权利。该权利二分法启发了后来的学者对于权利类型的深刻思考。同时,该文对于语言权利的概念延伸也具有重要的意义。[4] 鲁思·卢比奥-马林的《语言权利:探索相互竞争的理论基础》一文对于克洛斯有关宽容性语言权利和促进性语言权利的区分表示了异议。以在诉讼中获得法庭指定译员的翻译帮助为例,她认为这既不是宽容性也不是促进性语言权利,而是属于确保被告人能够理解法庭程序所必须获得的服务。[5]

---

[1] Will Kymlicka and Alan Patten, "Language Rights and Political Theory", *Annual Review of Applied Linguistics*, Vol. 23, 2003, pp. 3–21.

[2] Christina Bratt Paulston, "Language Policies and Language Rights", *Annual Review of Anthropology*, Vol. 26, 1997, pp. 73–85.

[3] Christina Bratt Paulston, "Language Policies and Language Rights", *Annual Review of Anthropology*, Vol. 26, 1997, pp. 73–85.

[4] Heinz Kloss, "Language Rights of Immigrant Groups", *The International Migration Review*, Vol. 5, No. 2, 1971, pp. 250–268.

[5] Ruth Rubio-Marin, "Language Rights: Exploring the Competing Rationales", in Will Kymlicka and Alan Patten (eds.), *Language Rights and Political Theory*, Oxford, New York: Oxford University Press, 2003, pp. 52–79.

在有关语言权利与语言资源关系的思考上,学界一直对于语言的问题属性、权利属性抑或资源属性有所讨论。瑞兹在题为《语言规划的取向》的文章中更倾向于语言是资源的取向,但该文将语言权利作为研究的一个切入点,引发后续研究者的思考和研究。[1] 孔特劳等的《语言:权利和资源——关于语言人权的研究》从一般问题、法律问题、市场问题、语言规划问题、教育和种族身份问题这五个不同专业领域着手,围绕语言人权问题进行梳理,阐明语言人权的概念,提出语言既是权利也是资源的观点。[2]

在有关语言与国家建构和族群标签关系的思考上,斯库特纳布-坎加斯发现很多国家少数族群语言学习和传承的任务由家庭和社区来承担的现实。她通过举例驳斥了有些国家所持的少数族群学校的存在会对社会文化发展造成不良影响的观点。[3] 乌尔季斯·奥佐林斯认为目前语言问题被赋予了太多的民族色彩,可以尝试通过社会学的观点或文化学的观点来转变长期以来将语言态度归结为更基本的民族因素或结构因素的研究理路。[4] 斯特劳德在《非洲母语项目和语言政治:语言公民身份和语言人权》中提出语言因其民族的色彩引发族群间矛盾等问题,因此可以采取一种淡化语言民族色彩的概念——语言公民身份,将语言贴上其他社会权益的标签。[5] 这种观点与《语言政策的中立性》提到的新加坡在推动英语作为第四种官方语言过程中只强调英语经济价值的观点很

---

[1] Richard Ruiz, "Orientations in Language Planning", *NABE Journal*, Vol. 8, No. 2, 1984, pp. 15-34.

[2] Miklós Kontra, Robert Phillipson, Tove Skutnabb Kangas and Tibor Várady, *Language: A Right and a Resource Approaching Linguistic Human Rights*, Budapest: Central European University Press, 1999.

[3] 中国社会科学院民族研究所"少数民族语言政策比较研究"课题组、国家语言文字工作委员会政策法规室编《国外语言政策与语言规划进程》,语文出版社,2001,第10页。

[4] 〔澳〕乌尔季斯·奥佐林斯:《语言政策与政治现实》,载中国社会科学院民族研究所"少数民族语言政策比较研究"课题组、国家语言文字工作委员会政策法规室编《国外语言政策与语言规划进程》,语文出版社,2001,第20页。

[5] Chrstopher Stroud, "African Mother-Tongue Program and the Politics of Language: Linguistic Citizenship Versus Linguistic Human Rights", *Journal of Multilingual and Multicultural Development*, Vol. 22, No. 4, 2001, pp. 339-355.

类似。① 但事实上，将语言与民族的特性分割开来不具有实践意义。梅作为语言权利领域的重要学者，发表了多篇探讨少数族群语言权利的文章。《再论小族语言权利》回应了有关语言权利的诸多批评。②

3. 有关欧洲区域语言规划和语言权利保障方面的分析

霍尔特等的《欧盟语言少数族群的法律权利》对于《欧盟宪法条约》将"少数族群的权利"作为基本权利以及该条约本身对于保护少数族群权利（语言权利）的重大意义表示了肯定，但同时也揭示了少数族群权利（语言权利）保护的路依旧漫长的现实。③

4. 有关语言权利保障多个维度的适用分析

霍恩伯格在《语言政策、语言教育、语言权利：土著、移民和国际视野》一文中通过分析多个国家和地区的案例，指出语言教育可以有效地促进少数族群语言的使用和发展，从而实现少数族群的语言权利。④ 有学者提出维护语言多样性以及语言濒危的现实已经在学界、政治界引起关注，从对于少数族群语言生存最关键的三个方面——教育、行政和媒体维度来考察语言权利实现，并发现语言权利保护情况因国而异以及公共领域少数族群权利保障不充分的现实。⑤

5. 有关语言权利的条法分析

邓巴的《国际法中的少数族群语言权利》指出：虽然国际社会建立了有关语言权利保障的机制，但仍不能说明在国际法框架下语言权利

---

① Lionel Wee, "Neutrality in Language Policy", *Journal of Multilingual and Multicultural Development*, Vol. 31, No. 4, 2010, pp. 421-434.

② Stephen May, "Rearticulating the Case for Minority Language Rights", *Current Issues in Language Planning*, Vol. 4, No. 2, 2003, pp. 95-125.

③ D. Gorter and J. Cenoz, "Legal Rights of Linguistic Minorities in the European Union", in P. Tiersma and L. Solan (eds.), *Oxford Handbook on Language and Law*, Oxford: Oxford University Press, 2012, pp. 261-271.

④ Nancy H. Hornberger, "Language Policy, Language Education, Language Rights: Indigenous, Immigrant, and International Perspectives", *Language in Society*, Vol. 27, No. 4, 1998, pp. 439-458.

⑤ Iryna Ulasiuk, "Language Rights in Relations with Public Administration: European Perspectives", *International Journal on Minority and Group Rights*, Vol. 18, No. 1, 2011, pp. 93-113.

已被赋予了基本权利的地位。其中主要原因有：有关权利保障的内容在实施层面受到一系列条件的限制，如少数族群对于语言有真正的且足够的需求、权利保障实施需考虑国家的行政和财政的便捷等。[1] 斯库特纳布-坎加斯等的《语言人权的历史和现状》分析了国家法律和国际法条文对少数族群语言的保护作用，以及少数族群语言权利国际编典工作的进程。[2]

6. 有关区域或国家语言权利保障实践的案例研究

梅的《语言与少数民族权利：种族民族主义与语言政治》一书对少数民族语言、身份和教育进行了跨学科分析，借鉴社会学、社会语言学、政治学、教育学和法学等多个学科的内容，探讨了新西兰、西班牙加泰罗尼亚、加拿大魁北克和法国等地语言权利保障的案例。[3] 斯库特纳布-坎加斯和菲利普森的《语言权利在后殖民非洲》一文分析了语言人权在当代非洲的具体实践后，大胆预判"如果顺利的话，民主化的增强会使人民更多地享有语言人权，并且最终解决非洲严重的社会、经济和政治问题"[4]。哈梅尔的《拉丁美洲土著民族的语言权利》一文通过分析墨西哥与巴西两国有关土著民族政策和立法等方面内容，发现语言权利保障总体上欠缺，并指出国际的正向态度对于国家政府在少数族群语言保护方面的正向作用。[5] 马歇尔的《美国官方语言问题：

---

[1] Robert Dunbar, "Minority Language Rights in International Law", *The International and Comparative Law Quarterly*, Vol. 50, No. 1, 2001, pp. 90-120.

[2] Tove Skutnabb-Kangas and Robert Phillipson, "Linguistic Human Rights Past and Present", in Tove Skutnabb-Kangas and Robert Phillipson (eds.), *Linguistic Human Rights: Overcoming Linguistic Discrimination*, Berlin: Mouton de Grayter, 1994, pp. 71-110.

[3] Stephen May, *Language and Minority Rights: Ethnicity Nationalism and the Politics of Language*, London: Routledge, 2011.

[4] 〔芬〕斯库特纳布-坎加斯、菲利普森：《语言权利在后殖民非洲》，普忠良译，载中国社会科学院民族研究所"少数民族语言政策比较研究"课题组、国家语言文字工作委员会政策法规室编《国外语言政策与语言规划进程》，语文出版社，2001，第289~314页。

[5] 〔墨〕赖纳·恩里克·哈梅尔《拉丁美洲土著民族的语言权利》，刘泓译，载中国社会科学院民族研究所"少数民族语言政策比较研究"课题组、国家语言文字工作委员会政策法规室编《国外语言政策与语言规划进程》，语文出版社，2001，第324~329页。

语言权利与英语修正案》系统地回顾了美国语言权利历史、英语修正案的深远影响，提出通过国家语言立法来实现语言权利的建议等。① 维斯纳·博日盖伊·哈吉的《原南斯拉夫地区的语言身份和语言政策》指出南联邦解体后，语言的民族性取代了超国家性，各个国家因国家语言的不同而独立发展。②

二 国内研究现状

国内有关语言权利的研究开始较晚。截至 2020 年底，在国内主流学术数据库（主要为中国知网）中，以"语言权利"为关键词进行搜索，搜索到博士学位论文 3 篇，学术论文 35 篇。如以"少数族群语言权利"或"少数人语言权利"或"少数人语言权"为篇名关键词进行搜索，搜索到博士学位论文 2 篇，学术论文均不足 20 篇。

1. 关于语言权利的理论探讨

有关语言权利理论探讨的著作较少，但每本都具有非常重要的学术价值。肖建飞的《语言权利研究——关于语言的法律政治学》主要从政治学视角对语言权利的正当性进行了阐述，该书认为"语言权利是近代民族国家共同语的政治建构与反建构的副产品，其既是民族国家历史发展的结果，也反映了民族国家政治建构的理论逻辑"③。郭友旭的《语言权利的法理》是目前国内研究语言权利法理基础的重要专著之一。该书详细地分析了语言权利的分类、内涵以及规范原则，同时回顾

---

① 〔美〕戴维·马歇尔：《美国官方语言问题：语言权利与英语修正案》，袁晶、冉利华译，载中国社会科学院民族研究所"少数民族语言政策比较研究"课题组、国家语言文字工作委员会政策法规室编《国外语言政策与语言规划进程》，语文出版社，2001，第 335~392 页。

② 〔斯〕维斯纳·博日盖伊·哈吉：《原南斯拉夫地区的语言身份和语言政策》，彭裕超译，载吴克非主编《语言政策与规划研究》（第九辑），外语教学与研究出版社，2019，第 1~16 页。

③ 肖建飞：《语言权利研究——关于语言的法律政治学》，法律出版社，2012。

了国际法中有关语言权利的界定等。① 刘红婴的《语言法导论》是国内最早有关语言法的论著。该书主要侧重于对有关语言的法律规范和法律立法的阐述。②

　　李宇明认为母语权利（母语学习权、母语使用权和母语研究权）是语言权利的核心内容。但母语的问题也很复杂，涉及语言学、心理学和民族学等学科。戴庆厦、何俊芳与李宇明在题为《论母语》的两篇文章中论述了母语问题的复杂性。③ 有关母语权利的讨论，何山华的《放弃母语的权利：语言政策与规划维度的思考》从权利的性质、法理依据和义务主体等方面对母语退出权进行了深入的分析。④ 方小兵的《多语环境下的母语建构与母语社区规划研究》讨论了母语较其他语言独有的身份认同功能。方小兵在文章中提出母语是可建构的、可规划的观点，并进行了佐证。⑤

　　关于语言问题的讨论，学界的分析主要有三个切入点，即语言是资源、语言是问题、语言是权利。李宇明的《当今人类三大语言话题》根据世界和中国语言生活的状况，深刻分析了语言问题、语言资源和语言权利三大"语言话题"，并对未来研究和实践提出了看法。⑥ 方小兵的《语言保护的三大着眼点：资源、生态与权利》认为语言资源观、生态观和语言权利观三者既相互独立，又紧密相连。他认为维护与改善语言生态的关键在于保障个体与群体的语言权利，尤其是通过语言立法

---

① 郭友旭：《语言权利的法理》，云南大学出版社，2010。
② 刘红婴：《语言法导论》，中国法制出版社，2006。
③ 戴庆厦、何俊芳：《论母语》，《民族研究》1997年第2期，第59~64页；李宇明：《论母语》，《世界汉语教学》2003年第1期，第48~58页。
④ 何山华：《放弃母语的权利：语言政策与规划维度的思考》，《语言战略研究》2017年第1期，第83~91页。
⑤ 方小兵：《多语环境下的母语建构与母语社区规划研究》，博士学位论文，南京大学，2014。
⑥ 李宇明：《当今人类三大语言话题》，《云南师范大学学报》（哲学社会科学版）2008年第4期，第21~26页。

保护少数族群的母语使用权。①

2. 有关语言权利的条法分析

关于语言权利的立法表述和相关具体法律保护机制，肖建飞的《语言权利的立法表述及其相反概念》认为语言权利是一个难以界定的概念，其突破固有的法律思维将语言权利反向认定为语言歧视或语言同化。② 但这个提法又引出了如何定义语言歧视和语言同化的难题。张涛的《论少数民族语言权的行政法保护机制》从激发少数族群语言保护的积极性、实现少数族群语言保护的合作治理等四个方面探讨了行政法保护机制下的语言权实现问题。③ 黄行的《国家通用语言与少数民族语言法律法规的比较述评》立足我国，就语言的法律地位、公民语言权利和义务以及语言主要社会使用领域的法律法规规定，对《国家通用语言文字法》和有关民族语言的法律法规进行了比较和述评，认为民族语言法律法规有关条款和规定的执行与落实还需进一步加强。④

3. 有关国际或欧洲区域语言权利的倡议或多边协议的评述

联合国的倡议和区域的多边条约是语言权利保障和实现最重要的推动力。郭友旭的《〈世界语言权宣言〉研究》认为《世界语言权宣言》虽因天生的局限性而未被正式认可，但它无疑是国际社会对语言权利法典化的伟大尝试。⑤ 廖敏文的《〈欧洲保护少数民族框架公约〉评述》分别从公约产生的背景、基本内容、在少数族群权利保护方面取得的进展以及目前存在的缺陷进行了回顾和分析。⑥ 庄晨燕的《〈欧洲区域或

---

① 方小兵：《语言保护的三大着眼点：资源、生态与权利》，《民族翻译》2013 年第 4 期，第 19~23 页。
② 肖建飞：《语言权利的立法表述及其相反概念》，《中央民族大学学报》（哲学社会科学版）2012 年第 3 期，第 57~66 页。
③ 张涛：《论少数民族语言权的行政法保护机制》，《贵州民族研究》2019 年第 3 期，第 36~40 页。
④ 黄行：《国家通用语言与少数民族语言法律法规的比较述评》，《语言文字应用》2010 年第 3 期，第 69~76 页。
⑤ 郭友旭：《〈世界语言权宣言〉研究》，《云南大学学报》（法学版）2016 年第 6 期，第 2~11 页。
⑥ 廖敏文：《〈欧洲保护少数民族框架公约〉评述》，《民族研究》2004 年第 5 期，第 10~17 页。

少数民族语言宪章》与法国多样性治理：对西方选举政治的反思》梳理了法国国家层面上各方利益集团在宪章签署及批准过程中的博弈。虽然截至目前，法国既未批准《框架公约》，也未批准《语言宪章》，但文章通过分析得出法国在少数族群语言文化保护领域已经取得了较大的进步。①

4. 有关欧洲区域语言规划和语言权利保障方面的研究

李娟的《欧洲一体化中少数人语言权保护问题研究》以欧洲"多样性统一"为背景，从欧洲认同视阈下对语言权保护及实现的路径进行分析。② 田鹏的《集体认同视角下的欧盟语言政策研究》讨论了语言同化的现实存在与语言权利实现间的冲突问题。③ 张淳的《语言权与英语国家语言政策的多元化趋势》选择加拿大、美国、澳大利亚和新西兰四国为案例，通过分析得出结论，使用母语作为一种基本人权应加以保护，同时应维护语言的生态平衡和文化多样性。④

5. 有关中东欧转型国家语言权利保障和实现问题的研究

何山华的《中欧三国：国家转型、语言权利与小族语言生存》聚焦于中欧地区的三个转型国家，基于语言管理理论进行国别政策分析，并就少数族群语言权利保护对语言生存的意义进行了深刻的探讨。⑤ 曹佳、戴曼纯的《罗马尼亚转型后小族语言教育权利研究》着眼于罗马尼亚转型后小族语言教育权利问题，通过阐述少数族群在教育领域的语言权利诉求及相关法律体系的建立，分析语言教育权利面临的障碍与挑战。⑥ 戴曼纯、朱宁燕的《语言民族主义的政治功能——以前南斯拉夫

---

① 庄晨燕：《〈欧洲区域或少数民族语言宪章〉与法国多样性治理：对西方选举政治的反思》，《世界民族》2018 年第 5 期，第 12~22 页。
② 李娟：《欧洲一体化中少数人语言权保护问题研究》，博士学位论文，山东大学，2015。
③ 田鹏：《集体认同视角下的欧盟语言政策研究》，博士学位论文，上海外国语大学，2010，第 27 页。
④ 张淳：《语言权与英语国家语言政策的多元化趋势》，《湖北社会科学》2012 年第 3 期，第 115~118 页。
⑤ 何山华：《中欧三国：国家转型、语言权利与小族语言生存》，商务印书馆，2018。
⑥ 曹佳、戴曼纯：《罗马尼亚转型后小族语言教育权利研究》，《湖北民族学院学报》（哲学社会科学版）2017 年第 5 期，第 172~179 页。

为例》通过分析前南斯拉夫的民族语言关系以及语言权利的规划实践，解析语言民族主义在政治变迁中所起的多重作用。① 田鹏的《语言政策与国家认同：原苏联民族语言政策的失误与思考》指出苏联在语言法律框架和语言实践中巨大的反差造成加盟共和国民族主义情绪的反弹，从而削弱了国家认同建立的成效。② 杨艳丽的《语言改革与苏联的解体》回顾了苏联时期联邦政府在语言方面的改革措施，发掘改革与苏联解体间的联系。③ 周庆生的《一种立法模式 两种政治结果——魁北克与爱沙尼亚语言立法比较》对比魁北克与爱沙尼亚两地的语言立法背景、目的、措施和影响，发现不同背景下，语言立法会起到解决民族矛盾或促成民族独立截然不同的作用。④ 康忠德的《民族语言转用博弈：东欧国家语言政策研究》提出独立后东欧国家围绕着主体民族本族语言国语地位的确立和少数族群语言权利的实现进行了长时间的博弈，同时也引发了国内新的民族矛盾。⑤ 杨友孙对于欧洲区域的少数族群权利保护的研究比较深入，从欧洲区域、中东欧国家以及罗姆族群体的视角分析语言规划的变革、语言群体权利保护的成效以及目前所存在的问题。⑥ 刘敏茹分析了在中东欧国家的入盟进程中，欧盟以"哥本哈根标准"和"定期评估报告"作为两个制度性工具，建构和形塑中东

---

① 戴曼纯、朱宁燕：《语言民族主义的政治功能——以前南斯拉夫为例》，《欧洲研究》2011年第2期，第115~131页。
② 田鹏：《语言政策与国家认同：原苏联民族语言政策的失误与思考》，《俄罗斯东欧中亚研究》2013年第1期，第1~7页。
③ 杨艳丽：《语言改革与苏联的解体》，《世界民族》1998年第4期，第38~44页。
④ 周庆生：《一种立法模式 两种政治结果——魁北克与爱沙尼亚语言立法比较》，《世界民族》1999年第2期，第21~31页。
⑤ 康忠德：《民族语言转用博弈：东欧国家语言政策研究》，《前沿》2013年第5期，第158~161页。
⑥ 杨友孙：《中东欧国家促进少数民族"社会融入"政策及评估》，《俄罗斯学刊》2013年第4期，第54~59页；杨友孙：《欧盟少数民族保护理念的发展脉络及评价》，《世界民族》2012年第5期，第16~24页；杨友孙、卢文娟：《非政府组织在加强少数民族事务工作中的作用——以欧洲罗姆人非政府组织为例》，《世界民族》2019年第5期，第37~44页。

欧入盟申请国的少数族群政策。① 朱晓明、孙友晋分析了罗姆族人在欧洲地区所面临的问题，以及解决这些问题所遇到的诸多困难。②

6. 其他

范俊军认同语言平等和语言多样性的观点，认为在尊重少数族群语言人权的同时，也需制定切实有效的政策和法规落实语言权利中的各项基本权利。③ 虽然关于少数族群语言权利的专著较少，但学界和各大学术机构在此方面也不断探索，其中北京外国语大学欧洲语言文化学院主办的《欧洲语言文化研究》，刊发了欧洲多个国家或地区的文学、历史、哲学等领域的研究性文章，也包含了对中东欧国家语言文化展开理论性分析的文章。国家语言文字工作委员会组编的《世界语言生活状况报告》中的"政策篇"通过介绍各个国家或地区的语言政策，侧面展现了各国在语言权利方面的动态变化。

三 文献评述

总体来讲，语言权利问题是一个复杂、多面，涉及政治、历史、文化、社会等多因素的问题。国内外有关语言权利的讨论涉及的学科众多，涉及的范围也比较广泛。近年来，学界关于语言权利的理论探讨也更加深入，实践研究主要集中在欧洲、非洲以及美洲等族群及语言状况比较复杂的地区。

从国内外研究成果来看，研究仍然存在一些不足。一是语言权利的理论不够系统。语言问题涉及语言多样性、族群认同、国家认同、族群间的平等，语言问题是一个具有理论意义和实践意义的全球性话题，虽

---

① 刘敏茹：《中东欧国家少数民族政策中的欧盟建构因素》，《当代世界与社会主义》2010年第2期，第147~150页。
② 朱晓明、孙友晋：《现当代欧洲罗姆人问题探析》，《俄罗斯研究》2013年第3期，第166~184页。
③ 范俊军：《少数民族语言危机与语言人权问题》，《贵州民族研究》2006年第2期，第51~55页。

然各国学者不约而同地意识到了其重要价值,但目前学界有关语言权利的研究尚未形成一种主流或相对完整的理论。

二是在研究深度上语言权利研究主要融入对于少数族群权利的综合性研究当中,缺乏专门的系统性的研究,同时大多数研究更侧重于实践。要突破当前语言权利研究的困境,需要对语言权利的内涵、价值和基本因素等方面进行深入解读。

三是语言权利已经被广泛接受和承认,但学界对于一些根本性的问题仍有诸多争议,实践方面也存在诸多困难。例如,语言权利是否属于基本人权,移民是否应该具有语言权利,国家语言权利实践过程中语言问题属性倾向与国际或区域实践过程中语言资源或语言权利属性倾向的理念差异,基本语言权利保障的国际法律或区域条约多为无法律约束力软法的现实等。

第三节 研究方法及创新点

本书坚持理论分析与个案研究相结合,基于语言规划理论框架,聚焦少数族群语言权利保障问题,选取拉脱维亚和斯洛文尼亚两个代表性国家作为典型案例。

第一,文献和法条研究法。除学术论文和专著外,本书参考了大量的国际条约、欧洲区域的相关倡议、多边条约以及各国内部的法律法规和行政文件等。这不仅可以拓宽文献研究的广度,还可以了解各国际组织、各国语言权利保障在不同历史时期的变化,为实证研究打下基础。

第二,历史分析法。通过分析区域和国家在少数族群语言权利方面的立法以及实践经验,进行纵向的梳理总结,梳理语言权利保障历史变迁,做到以史为鉴。

第三,案例研究法。语言权利不仅是一个国家的内部问题,也是区域性和国际问题。通过国家间的横向比较,发现不同国家语言权利保障机制具体内容的异同以及不同少数族群语言权利保障的差异,分析语言权利保障规划机制的特点及问题，探究权利保障的治理路径。

本书的创新点包括三个方面。

第一，选取新视角解读老问题，即从语言权利视角解读少数族群语言问题。国内外有关少数族群语言的研究成果议题广泛，但主要集中从语言资源、语言濒危、语言多样性等视角进行分析。相比之下，语言权利这一概念更具有本质性，对于研究和分析少数族群语言问题是一个较新的切入点。本书主要试图通过案例分析在语言权利保障路径探索方面进行新的尝试。

第二，选取代表性国家分析一般性理论。大国是国际政治研究的主要对象，而小国研究相对匮乏。小国研究有其独特的价值：小国数量众多，有关小国的研究可以验证或充实学术理论。虽然大国在国际政治中扮演着重要的角色，但小国的经验也可以为其他国家提供借鉴。目前，有关语言权利的研究主要涉及联合国、欧盟及欧洲委员会等国际或区域组织以及大国、中等国家的实践，例如美国、英国、澳大利亚、匈牙利、捷克、乌克兰等国的实践。本书选取了无论是领土面积还是人口都属于小国的拉脱维亚和斯洛文尼亚作为研究对象，两国在语言权利保障方面的成效和问题都具有小国的特殊性，特殊性中的普遍性对于其他国家具有借鉴意义。

第三，利用新方法解读少数族群语言权利保障问题。传统上，关于少数族群的研究往往注重其整体性，这就使研究流于宏观层面。本书从微观视角切入，分族群、分维度，根据国家的实际情况将少数族群细分为真正意义上的少数族群、原联邦国家的少数族群、国家认定的本土少数族群，将语言权利规划机制具体细化为四个维度。基于由三个少数族群分类、四个规划维度组成的微观聚焦分析框架，本书以期对少数族群语言权利保障实践进行更为具体的评价，而不是简单给出一个整体的积极或消极的判断。

第一章 语言权利界定与分析框架

第一节 语言权利界说

一 语言权利的权利主体和义务主体

西方学界对于语言权利的英文表述有 language rights，linguistic rights，linguistic human rights 等。国内学界相关表述有语言权利、语言人权、语言权等。虽然学界对于语言权利的研究已有 40 余年，但从前文的表述中可以发现对于语言权利的概念界定学界尚未达成共识，有不同的侧重点。米尔恩认为"要全面理解权利概念，关键是把握权利的要素，而不是权利的定义"①。本书认为对语言权利的准确界定以及语言权利保障实践必须依托对语言权利的权利主体、义务主体等要素的辨析。

（一）语言权利的权利主体

权利概念的主要要素之一是权利的主体，即权利的享有者。权利主

---

① 〔英〕米尔恩：《人的权利与人的多样性——人权哲学》，夏勇等译，中国大百科全书出版社，1995，第5页。

体一般指具有利益认知能力并具有外在独立性的个人或群体。目前在学术界，对于语言权利主体还没有进行统一的界定，但通过学界探讨和法律实践可以发现一些共识。大部分国内学者认为语言权利的主体是指依法享有语言权利的个人、群体或是"国家机关和社会组织"等。[①] 许多国家立法实践中在明确赋予各民族语言权利的同时，也界定了语言权利的主体。拉脱维亚宪法第 114 条规定"少数民族有权保护和发展本民族的语言、种族及文化认同"[②]。这一表述认定语言权利主体为集体。斯洛文尼亚宪法第 61 条和第 62 条规定"每个人皆有自由表达其民族或民族团体之归属的自由，以及促进并表达其文化、使用其语言与文字的权利"，"每个人皆享有在行使其权利、履行其义务时，以及在国家及其他行使公共职能机构的程序中依法律规定的方式使用其语言及文字的权利"，这些表述认定语言权利主体为个人。[③] 世界笔会翻译和语言权利委员会发布的《世界语言权宣言》第 1 条第 2 段明确规定：语言权利既是个人的又是集体的。[④]

有关语言权利主体的界定还有一种提法：语言是语言权利的主体。国外的理论界以及立法实践中对于语言是否为语言权利主体一直有所争议。《世界语言权宣言》"一般原则"第 7 条的表述为，"所有语言……应能够享有全部功能的发展所要求的条件"[⑤]。《语言宪章》中将保护的对象设定为语言，而非语言的个人使用者或集体。这种表述巧妙地避开了语言主体是个体或集体的界定。何山华认为，如将语言本身作为权利主体将面临理论和实践的困难：语言本身以及某个语言的外延难以界

---

① 郭友旭：《语言权利的法理》，云南大学出版社，2010，第 73 页。
② 朱福惠、邵自红主编《世界各国宪法文本汇编（欧洲卷）》，厦门大学出版社，2013，第 298~303 页。
③ 朱福惠、邵自红主编《世界各国宪法文本汇编（欧洲卷）》，厦门大学出版社，2013，第 512~524 页。
④ 郭友旭：《〈世界语言权宣言〉研究》，《云南大学学报》（法学版）2016 年第 6 期，第 2~11 页。
⑤ 郭友旭：《〈世界语言权宣言〉研究》，《云南大学学报》（法学版）2016 年第 6 期，第 2~11 页。

定，语言与作为语言载体的个体间无法割裂等。①

我们认为语言权利保护的最终目的是使语言群体及个人使用族群语言的权利得以实现。虽然学界或国家法律实践中将有关权利主体分为集体和个人两个维度，但二者不相矛盾。个体享有或个体通过集体享有权利都能实现语言权利保护的最终目的。语言使用者是语言的载体，以保护语言为目的的条约或宪章在实践中最终仍需要落到保护语言的使用者上。因此，本书认为语言权利的主体为个人或集体。

（二）语言权利的义务主体

义务主体是承担义务的一方。无论是消极人权（国家不得做），还是积极人权（国家积极做），都要求国家承担一定的义务。② 语言权利的义务主体是指依法承担有关语言上的作为或不作为的义务，保障语言权利主体权利实现的个人、组织或群体。

学者斯库特纳布-坎加斯、梅、李宇明认为语言权利是一种基本的人权，各国政府应承担语言权利实现的最主要义务，国际组织、区域组织以及社会组织也应承担重要的相关责任。对于语言权利是否为基本的人权，学界有不同的声音。金里卡和帕斯通均质疑语言权利作为人权的可行性和可操作性。《世界语言权宣言》也没有明确语言权利的义务主体。

联合国和区域组织的部分宣言或倡议明晰了相关的界定。联合国《在民族或种族、宗教和语言上的属于少数群体的人的权利宣言》第 1 条明确了国家作为义务主体的责任："各国应采取适当的立法和其他措施以实现这些目的。"③ 联合国出台的一系列有关人权的公约也体现了其保护以语言为特质的少数族群的意图。从联合国的法律实践来看，国

---

① 何山华：《中欧三国：国家转型、语言权利与小族语言生存》，商务印书馆，2018，第 17 页。
② 郭友旭：《语言权利的法理》，云南大学出版社，2010，第 111 页。
③ 《在民族或种族、宗教和语言上的属于少数群体的人的权利宣言》全文见联合国大会于 1992 年 12 月 18 日通过的第 47/135 号决议，参见谢波华译文，全文载《世界民族》1995 年第 1 期，第 74~75 页。

家是少数族群权利（语言权利）的主要义务主体。欧洲区域的《框架公约》和《语言宪章》均由国家签署。根据"哥本哈根标准"提交的入盟报告是以国家的身份递交，欧盟也是以国家为单位进行入盟评估。语言权利保障规划机制的行为主体主要是国家，因此尽管少数族群语言权利义务主体的具体涵盖范围尚不明确，但本书认为国家应该是语言权利重要的义务主体之一。

二 语言权利概念和分类

（一）语言权利概念

本书尝试基于有关语言权利的表述和相关界定整理出有关语言权利的定义。

国内外学界对于语言权利定义的侧重点各有不同。第一，侧重于将母语相关权利作为语言权利的核心概念。李宇明教授在《当今人类三大语言话题》中并未对语言权利的概念加以定义，而是指出了母语权利（母语学习权、母语使用权和母语研究权，同时也包含个人的语言权利和群体的语言权利）是语言权利的核心内容。[①] 斯普林认为所有人都享有以母语为媒介并以适合于自身文化的教学方法接受教育的权利，也享有接受包含如下内容教育的权利：理解本族文化及相关内容、学习和使用母语、学习国家官方语言或强势语言、了解世界文化对本群体文化的影响。[②] 第二，侧重于语言权利核心内容的定义。部分学者给出的定义没有明确语言权利的权利主体和权利内容，只揭示了语言权利的核心是使用何种语言表达思想、感情和认同问题上的选择权或自由。有学者认为，语言权利指在涉及族群间交流时拥有多个不同民族或族群的国

[①] 李宇明：《当今人类三大语言话题》，《云南师范大学学报》（哲学社会科学版）2008年第4期，第21~26页。

[②] Joel Spring, *The Universal Right to Education: Justification Definition and Guidelines*, Mahwah, NJ: Lawrence Erlbaum, 2000, p.159.

家对不同语言使用进行规范,以促进不同族裔之间的交流。[1] 第三,侧重于比较宽泛的界定。金里卡等认为语言权利关注的是公共机构在各种不同领域对语言使用采取的规则。[2] 刘红婴在《语言法导论》中指出:"语言权是公民、族群、国家及各种组织表达思想时选择和使用语言作为物质手段的权利。"[3] 她认为早期语言权主要强调少数族群使用自己母语的权利,发展至今它涵盖了所有的人及群体使用语言的权利。但这个定义并没有厘清个人或群体在何种场景下使用何种语言的具体范围。郭友旭将语言权利定义为"围绕选择使用母语或其他语言形成的一系列权利的总称"。该定义使用了"一系列权利的总称"与其他学者提出的"权利束"不谋而合。[4] 杨晓畅对于语言权的界定是:"语言权是指同类人群或个人学习、使用、传播和接受本民族语言、国家通用语和其他交际语言的权利的总和。"[5] 第四,侧重于翔实全面的定义。语言权利研究领域重要学者斯库特纳布-坎加斯等将语言权利的主体分为个人或群体,将使用的语言分为族群语言和官方语言,将使用语境规定为任何场景。[6] 斯库特纳布-坎加斯和菲利普森曾对"语言人权"(linguistic human rights)作过解释:"我们姑且认为,涉及母语的语言人权既包括对一种或多种母语的认同权,又包括用一种或多种母语作为媒介进行教育和公共服务的权利……至于'其他语言'的语言人权,我们认为包括学习居住国官方语言的标准语体的权利。"[7] 何山华提出的定义为:

---

[1] Christina Bratt Paulson, "Language Policies and Language Rights", *Annual Review of Anthropology*, Vol. 26, 1997, pp. 73-86.

[2] Will Kymlicka and Alan Patten (eds.), *Language Rights and Political Theory*, Oxford, New York: Oxford University Press, 2003, pp. 16-25.

[3] 刘红婴:《语言法导论》,中国法制出版社,2006,第24页。

[4] 郭友旭:《语言权利的法理》,云南大学出版社,2010,第74页。

[5] 杨晓畅:《浅论个体语言权及其立法保护》,《学术交流》2005年第10期,第49页。

[6] Tove Skutnabb-Kangas and Robert Phillipson, "Linguistic Human Rights Past and Present", in Tove Skutnabb-Kangas and Robert Phillipson (eds.), *Linguistic Human Rights: Overcoming Linguistic Discrimination*, Berlin: Mouton de Grayter, 1994, pp. 71-110.

[7] 〔芬〕托弗·斯库特纳布-坎加斯、〔丹〕罗伯特·菲利普森:《语言人权的历史与现状》,载中国社会科学院民族研究所"少数民族语言政策比较研究"课题组、国家语言文字工作委员会政策法规室编《国外语言政策与语言规划进程》,语文出版社,2001,第164~169页。

"语言使用者，作为个人或群体，在当局的保障或支持下，在私人领域或公共领域，学习、使用、传播、发展自身语言文字以及所在国官方语言文字，并使用上述两者作为身份标识的权利。"[1] 该定义体现了语言权利既是个人权利也是集体权利的这一特点，也明确了语言使用的语境以及目的。肖建飞认为对于语言权利的定义是难题，"比较妥当的研究方法是寻找到若干个切入点，以便分析国家立法如何协调和规范不同群体间的语言关系。'谁'（单独的个人，还是群体）在'什么地域'（本群体生活的地域，还是更广的区域内）和'什么领域'（家庭、邻里和小社区的交流，还是教育机构、公共媒体以及立法、行政、司法领域）使用和发展'何种语言'（母语、地方通用语，还是国家语言或官方语言，乃至国际通用语）"[2]。

在国家有关语言权利立法的实践上，1991年10月，《俄罗斯苏维埃联邦社会主义共和国民族语言法》将语言主权定义为"各民族和个人保留及全面发展本民族语言、自由选择和使用交际语言的权利的总和"[3]。根据语言主权的定义可以将其理解为语言权利。

国内外学者对于语言权利的要素界定主要涉及国家或当局作为权利主体的义务，通过国家立法层面对于个人或群体使用母语或其他语言权利的规定，总结语言权利所蕴含的具体要素，提出自己对于语言权利的定义。笔者比较认同肖建飞和何山华对于语言权利定义的表述，将有关语言权利主要要素划分为三个，即个人或集体、在公共领域或私人领域、使用母语或其他语言的权利。

（二）语言权利分类

了解语言权利的分类可以进一步明晰语言权利的内涵。《世界语

---

[1] 何山华：《中欧三国：国家转型、语言权利与小族语言生存》，商务印书馆，2018，第24页。
[2] 肖建飞：《语言权利研究——关于语言的法律政治学》，法律出版社，2012，第159页。
[3] 《俄罗斯苏维埃联邦社会主义共和国民族语言法》，杨艳丽译，载中国社会科学院民族研究所"少数民族语言政策比较研究"课题组、国家语言文字工作委员会政策法规室编《国外语言政策与语言规划进程》，语文出版社，2001，第164~169页。

言权宣言》指出语言权利包括个人权利、集体权利，体现了尊重、平等的基本原则。目前，中西方学界有关语言权利的主流分类为：宽容性语言权利和促进性语言权利、消极语言权利和积极语言权利、个人语言权利和集体语言权利。其他分类还有基本语言权利和普通语言权利、属地语言权利和属人语言权利、工具性语言权利和非工具性语言权利等。

1. 宽容性语言权利和促进性语言权利

著名学者海因茨·克洛斯提出了语言权利最受广泛认同的分类：宽容性语言权利（tolerance-oriented language rights）和促进性语言权利（promotion-oriented language rights）。克洛斯认为宽容性的少数族群权利是那些法律规定、惯例规范和各种措施的总和。国家和公共机构在必要情况下，基于该权利保障少数族群在私人领域（家庭域、宗教域、社区域）培育其语言的权利。宽容性语言权利是指个人用以防止国家干涉其私人语言选择的各种保护性措施的集合。[①] 促进性语言权利意味着国家不仅对该族群的成员使用自己语言的行为不予干预，而且在公共领域如教育、司法、媒体等为其语言权利提供保障。[②]

2. 消极语言权利和积极语言权利

法国著名法学家卡雷尔·瓦萨克的三代人权理论将人权分为三代：第一代人权指以自由权为核心的平等权、人身自由、财产自由、思想自由等，即"消极权利"；第二代人权指以社会权为核心的劳动权、受教育权等，即"积极权利"；第三代人权指"连带权利"，以发展权为本位。[③] 三代人权理论对于语言权利类型划分有着深刻影响。斯库特纳布-坎加斯在三代人权理论的基础上使用消极权利（negative rights）和积极权利（positive rights）的方法区分了消极语言权利和积极语言权利。消极语言权利和积极语言权利的主要区别在于国家和政府是消极不作为

[①] Heinz Kloss, *The American Bilingual Tradition*, Rowley, MA: Newbury House, 1977.
[②] Heinz Kloss, *The American Bilingual Tradition*, Rowley, MA: Newbury House, 1977.
[③] 郭友旭：《语言权利的法理》，云南大学出版社，2010，第99~100页。

还是积极作为。

3. 个人语言权利和集体语言权利

权利主体可以分为个人和群体。权利之客体，利益可分，即为个人权利；利益不可分，即为集体权利。金里卡认为个人权利和集体权利的区分主要围绕一个问题：如果特定的个人可以主张获得某种服务或达成某种诉求，是否应当存在某种最低需求？如果某种语言权利个人可以主张，即为个人权利；如果族群语言权利要求对某种服务或诉求的需求达到某个门槛水平才可以，即为集体权利。周勇将少数族群的权利分为个人权利和集体权利。作为个人权利，语言权利主要体现在个体可以"自主"决定语言使用空间和频度，包括个体学习和使用母语的权利，以及个体作为语言集团的组成部分所享有的语言权利（少数族群成员的特质更为显著）。集体权利是权利为集体所享有。个人因其属于某一群体而享有的权利或个人需要与他人一起行使的权利即为集体权利。权利正当性的获得和行使都需通过集体来实现。集体语言权利即某一语言群体在保护、使用、发展其母语过程中所拥有的权利。[1]

国家的立法实践中也界定了个体语言权利和集体语言权利。爱沙尼亚宪法规定：只有在少数民族占比超过50%的地区，少数族群才被赋予获得来自国家机关、地方政府及其公职人员使用当地少数族群语言答复的权利。黑山共和国宪法中也有类似的规定，但措辞是"重要比例"，而非确定的"最低比例"。[2]

三 少数族群语言权利的界定

（一）少数族群的分类

学界对于少数族群（少数民族）的概念和具体含义仍有不同的界定。

---

[1] 周勇：《少数人权利的法理》，社会科学文献出版社，2002，第24、30~33页。
[2] 朱福惠、邵自红主编《世界各国宪法文本汇编（欧洲卷）》，厦门大学出版社，2013，第32~43、261~272页。

有学者认为：少数民族的英文对应词组有 national minority 及 ethnic minority。斯蒂夫·芬顿认为，national minority 和 ethnic minority 的区别是前者主要是政治概念，与政治有紧密联系并强调自治；后者是社会、文化概念。① 苏·赖特认为 national minority 可指一个国家内部人口规模较小的族群，其第一语言非国家语言。② 埃勒将少数民族视为"这样一种国家公民群体，即他们表现出与其他公民一样的一种民族统一的情感，并把自己放在一个与其他公民群体相比更低的一种权利尊重的状态"③。吴双全认为"少数人群体是指在一国或特定的地域生活，具有该群体自身的宗教、种族、传统习俗和语言的群体"④。意大利著名学者弗朗西斯科·凯博多迪等将少数民族定义为在数量上少于其所在国的其余人口，处于非主导地位，其成员作为其所在国的国民，具有区别于其他人口的种族、宗教或语言的特征的群体。⑤ 该定义中少数民族具有区别于其他人口的特征，如在历史、语言、宗教、族性及生活方式等方面具有自身特性因素，而且在数量上不占优势。少数民族形成的必要要素是群体成员有共同的意愿来维护他们与众不同的特性，维护和保护民族的、宗教的和语言的同一性，并拒绝被多数群体所同化。世界文化与发展委员会基于群体和地域的关系将"少数人"划分为土著民族、地域性少数族群、非地域性少数族群、移民。⑥

基于上述的多种定义，少数族群概念应包含如下要素：一个国家或区域内，具有种族、语言或宗教上的特征，该群体人口数量与主体群体相比较少，拥有保持民族独特性和同一性的意愿（没有民族认同和民

---

① 〔英〕斯蒂夫·芬顿：《族性》，劳焕强等译，中央民族大学出版社，2009。
② 〔英〕苏·赖特：《语言政策与语言规划——从民族主义到全球化》，陈新仁译，商务印书馆，2012，第266页。
③ G. Erler, *Das Recht der Natinalen Minerheiten*, Minsterim Westfalen: Aschendorff, 1931, p. 70.
④ 吴双全：《少数人权利的国际保护》，中国社会科学出版社，2010，第14页。
⑤ F. Capotorti and N. Unies, Study on the Rights of Persons Belonging to Ethnic Religious and Linguistic Minorities, https://digitallibrary.un.org/record/10387.
⑥ 联合国教科文组织、世界文化与发展委员会：《文化多样性与人类全面发展——世界文化与发展委员会报告》，张玉国译，广东人民出版社，2006，第18页。

族意识的群体不能被称为民族),处在社会从属地位。本书使用的"少数族群"概念涵盖以上基本要素,但更加强调该族群通过共同语言维系在一起的特征,以及族群有强烈的愿望去保护、发展自身语言的特性。

(二)少数族群语言权利

语言权利是一种普遍性权利。不论是主体民族及成员,还是少数族群及成员,都应享受语言权利。回顾历史,主体民族因天然的地位优势、人口基数优势和政治方面的优势而拥有和享有其语言权利。相对于主体民族,少数族群因天然的劣势而更迫切地需要语言权利或更有意愿去争取语言权利。学者梅在文章中多围绕少数族群语言权利(minority language rights)研究和讨论语言权利。联合国大会《在民族或种族、宗教和语言上属于少数群体的人的权利宣言》中明确表示语言权利的规范主要是针对少数族群或其成员。当然,也有例外,苏联及南联邦的加盟共和国中的主体民族在联邦时期并未充分享受到主体民族的语言权利,本书会在后面章节中对此问题进行深入探讨和分析,这里便不赘述。最后,需要强调的是语言权利是普遍性权利,只是因为少数族群以及成员面对国家和主体民族时更具有易受伤害性、脆弱性,其才成为语言立法和语言权利保障的主要对象。

少数族群选择和使用的具体语言主要涉及:族群语言、官方语言、外语。因将语言作为问题和资源两种截然不同的学术观点的存在而产生两种对于语言选择侧重不同的态度。支持语言可以成为问题或引起问题的研究者强调少数族群应该掌握主体民族语言;支持语言作为资源的研究者强调少数族群应掌握非主流群体的第一语言或母语。[1] 因此,语言权利中语言不仅包括族群语言还包含官方语言或其他语言。对于少数族群而言,保障语言权利的关键在于保障权利主体在语言选择上的自由,

---

[1] 〔匈〕米克洛什·孔特劳等编《语言:权利和资源——有关语言人权的研究》,李君、满文静译,外语教学与研究出版社,2014,第 6 页。

尤其是最根本和最主要的诉求——族群语言学习权和族群语言使用权的实现，从而防范国家公权力有意或无意的语言同化和威胁。

关于语言使用的范围，李宇明认为私人领域中宗教、家庭、民俗活动是语言的最后堡垒。从各个国家的实践中可以看出私人领域的语言权利得到了较为充分的保障。因此，本书只讨论公共领域语言的使用。关于语言权利中语言的涵盖范围，学界的界定或宽泛或狭窄。国语或官方语言的确立充分保障了各族群使用国语或官方语言的权利。关于语言权利的国际宣言或公约均未提及官方语言的权利，或者只是提及保障少数族群语言权利的同时不要威胁到官方语言的使用。斯库特纳布-坎加斯曾指出：是否学习外语对于少数族群而言并非生死攸关的问题，因此学习外语的权利不应作为核心的语言权利。[1] 因此，本书主要讨论各族群使用族群语言的权利，对于官方语言或外语的使用保障不予过多的论述。

经过以上分析，本书将少数族群语言权利界定为少数族群或个体在公共领域使用族群语言的权利。

第二节　基于语言规划论的语言权利保障

国家或政府是语言权利义务主体之一，少数族群是语言权利的权利主体之一。国家主要通过语言立法以及行政法规，达到保护或限制语言群体使用本族群语言的目的。在此过程中，语言规划是实现该目的的重要途径。本书拟以语言规划理论核心概念和规划维度为基础搭建一个分析框架，对拉脱维亚和斯洛文尼亚少数族群语言权利在公共领域的保障规划机制进行考察。

---

[1] Tove Skutnabb-Kangas, "Language Policy and Linguistic Human Rights", in Thomas Ricento (ed.), *An Introduction to Language Policy Theory and Method*, Oxford: Blackwell, 2006, pp. 273-291.

一 有关语言规划的主要观点

目前，有关语言规划的研究大多是从语言学的视角展开的，从政治视角进行语言规划研究的成果较少。语言规划并非一个新现象，它是一个具有交叉学科性质的较新研究领域。语言规划研究涉及政治学、语言学、社会学、民族学等。"语言被过多地孤立于其使用的社会和政治条件之外进行研究。对语言政策和语言规划实践的分析都应与广泛的社会与政治条件以及历史前身紧密相连。"[①]

第一次把语言规划（language planning）作为一个学术名词使用的著名学者是豪根，他认为语言规划是指为了改变某一语言社区的语言行为而从事的所有有意识的尝试活动。[②] 国内著名语言学家陈章太认为：语言规划行为主体是国家或政府，行为的方式和目的是通过行政行为来贯彻行为主体对语言所持有的根本态度和政治理念。规划行为具有显性和隐性特点，即语言规划通过语言立法等形式明示出来，从而形成各级各类的语言法规，或通过各种语言规划的行为和活动加以推行。[③]

斯波尔斯基根据规划的主体以及应用领域将语言规划分为宏观语言政策和微观语言政策。前者的行为主体通常是国家或者政府，应用领域为整个国家或全社会；后者的行为主体通常是家庭、学校、地方政府等社会组织结构，应用领域为公共领域或私人领域等。[④] 加拿大语言学家克洛斯提出了语言规划最核心的概念和最有影响力的二分法：语言地位

---

① 〔美〕托马斯·李圣托编著《语言政策导论：理论与方法》，何莲珍等译，商务印书馆，2016，第247页。
② Einar Haugen, "The Implementation of Corpus Planning: Theory and Practice", in Juan Cobarrubias and James A. Fishman (eds.), *Progress in Language Planning: International Perspectives*, Berlin: Walter de Gruyter, 1983, pp. 269-289.
③ 陈章太主编《语言规划概论》，商务印书馆，2015，第55页。
④ Bernard Spolsky, *Language Policy*, Cambridge: Cambridge University Press, 2004.

规划（status planning）和语言本体规划（corpus planning）。① 语言地位规划是指为改变语言或语言变体的社会功能所作的规划，包括确定语言文字的地位、语言立法等。语言立法是语言地位规划的最高体现，是把语言规划通过法律形式确定下来，并以法律的形式加以实施。其涉及的范围有：确定某种语言文字的地位、规定某种语言文字的适用范围、推广或保护某种语言文字、协调民族群体语言文字的地位以及规定公民在语言文字使用方面的义务和权力。郭熙指出了语言地位规划的政治特性：它与国家的大政方针紧密相连，确切地说应属于语言政治学研究的范围。② 语言本体规划是指对语言本身的结构即存在形式所作的规划，比如改革文字、建立语言标准和规范等。③ 库珀提出的语言习得规划（language acquisition planning）作为两分法的补充类型也被广泛采纳。④ 1990 年哈尔曼又提出了声望规划（prestige planning）作为语言规划三分法的进一步扩展。⑤ 由于国情及社会历史背景的差异，各国的语言规划目标也不尽相同，包括实现语言纯净化和语言标准化、促进语言保护、实现语言复兴、加快语言传播、促进跨国语言交际以及加强国家认同和民族认同的建立等。⑥ 周庆生认为，语言规划实际上就是运用语言干预来解决社会、经济、政治问题的一种手段或方法，为国家政治目标服务。⑦

---

① Heinz Kloss, Research Possibilities on Group Bilingualism: A Report, Qeubec: International Center for Research on Bilingualism, 1969.
② 郭熙：《论华语视角下的中国语言规划》，《语文研究》2006 年第 1 期，第 13~17 页。
③ 陈章太主编《语言规划概论》，商务印书馆，2015，第 8~11 页。
④ Robert L. Cooper, Language Planning and Social Change, New York: Cambridge University Press, 1989.
⑤ Harald Harrmann, "Language Planning in the Light of a General Theory of Language: A Methodological Framework", International Journal of the Sociology of Language, Vol. 86, No. 1, 1990, pp. 103~126.
⑥ 周庆生：《国家民族构成与语言政策问题》，《语言政策与规划研究》2014 年第 2 期，第 1~12 页。
⑦ 周庆生：《国家民族构成与语言政策问题》，《语言政策与规划研究》2014 年第 2 期，第 1~12 页。

通过以上学者的辨析，我们可以认为学界对于语言规划的基本要素有比较一致的认识，即语言规划的行为主体主要是国家或政府，家庭、学校等也发挥一定行为主体的作用，语言规划的范围为公共或私人领域，语言地位规划是语言规划的核心内容之一，语言规划是国家或政府达成某种目的的一种手段。

二　基于语言规划论的语言权利保障路径

有关语言权利的规划路径，本书主要考察国际相关倡议、欧洲地区的实践以及学界的提法，从中选取与少数族群及其语言息息相关的一些领域作为权利保障的考察维度。

有关少数族群语言保障的维度可以借鉴条约或者决议中的相关规定。欧洲议会1981年10月16日通过的Arfé决议（《关于〈欧共体关于区域语言和文化宪章〉和〈关于少数民族权利宪章〉的决议》）要求各国家及地区政府在教育、大众传播、公共生活与社会事务三个主要领域促进少数族群语言的使用。时隔六年，欧洲议会于1987年10月通过Kuijpers决议。通过该决议，欧洲议会重申了成员国需在教育、地方管理和大众传媒中积极推行少数族群语言的责任。作为欧洲地区另外一个重要的区域组织——欧洲安全与合作组织（简称"欧安组织"）一直以促进欧洲地区民主、尊重人权和保护少数族群利益为宗旨。欧安组织下的非政府组织族群关系基金会1998年发布的《关于少数民族语言权利的奥斯陆建议书》（The Oslo Recommendation Regarding the Linguistic Rights of National Minorities）提出了少数族群成员在媒体、行政和公共服务、司法系统、独立的国家机构、社会生活和非政府组织多个方面的语言权利。因1996年10月的发布《关于少数民族教育权利的海牙建议书》（The Hague Recommendations Regarding the Education Rights of National Minorities）包含了教育中的语言权利，《关于少数民族语言权利的奥斯陆建议书》中便没有提及教育领域中的语言权利。① 有关语言权利法典化实践的《世界语言权宣言》中语言制度的六个维度值得借鉴,即行政当局和官方机构、教育领域、专有名词、大众传媒和新技术、文化、社会经济领域。《语言宪章》为了更好地指导签署国的语言权利保护实践,在第三节"促进区域性语言或少数群体语言用于公共生活的措施"中列出了具体的保障领域,即教育、司法、行政与公共管理、传媒、文化、经济与社会生活、境外交流七个领域。

法律中应有权利必须首先转化为法定权利,才具备被实现的可能性。以上提及的尚没有语言立法表述的国际倡议或区域决议均为软法,需转化为国家内部法律方可具有强制力。语言立法是应有权利转化为法定权利的重要方式,是语言地位规划的最高体现。

学界的相关理论和提法也具有较高的参考价值。李宇明在《论语言生活的层级》中将语言生活分为国家或超国家层面的宏观语言生活、各行业或各地区的中观语言生活、同个人的生活和生存息息相关的微观语言生活三个层级。宏观语言生活是指由国家或政府通过制定语言政策、制定语言文字规范标准等直接规划的语言生活。中观语言生活上接宏观,下连微观。语言权利的适用领域也可以分为微观语言生活,如家庭域、宗教域和社区域等私人领域,以及宏观、中观语言生活,如教育、司法、行政、媒体等公共领域。李宇明而后将宏观、中观、微观语言生活细化为家庭生活、宗教场所、民俗活动、社区交际、教育、大众传媒、社会语言运用及官方工作八大语言运用领域并归为五大功能空间: 1) 权威语言层——国家工作语言、国际语言; 2) 语言活力层——大众传媒; 3) 理论传承层——教育、教学语言; 4) 语言保护层——社区应用; 5) 语言的最后堡垒——宗教、家庭、民俗活动。② 何山华也提出了语言权利实现的六个维度,即法定地位、本体发展、教育研究、司法行政、媒体文化和社会应用。

---

① 郭友旭:《语言权利的法理》,云南大学出版社,2010,第141~142页。
② 李宇明:《语言竞争试说》,《外语教学与研究》2016年第2期,第212~225页。

本书认为以上国际相关倡议、区域决议以及学术界观点较为全面地反映了语言权利研究和实践所涉及的领域。各界有关部分领域的共性认识说明该领域的重要性是被广泛认可的。经过总结和提炼，本书将语言权利保障的规划机制分为四个维度——宪法或部门法的相关规定、教育领域、司法行政领域、大众传媒领域，并通过考察四个维度语言权利的保障情况，分析语言规划机制的特点和问题。

（一）宪法或部门法的相关规定

各国对于语言权利的权利主体、义务主体以及内容的界定长期抱有谨慎的态度。极少有国家将语言权利写入宪法或其他法律。《俄罗斯苏维埃联邦社会主义共和国民族语言法》中明确提及语言主权（语言权利），"语言主权是各民族和个人保留和全面发展本民族语言、自由选择和使用交际语言的权利的总和"①。绝大部分国家的宪法或部门法没有类似的表述。

国家或地区的通用语言（官方语言、国语）是语言规划最重要的内容。宪法或部门法中有关少数族群语言权利的规定体现了国家政府对于少数族群语言、文化的尊重和承认。

中东欧国家对于少数族群语言保护的立法表述各有不同。一是"积极地"保护少数族群语言权利。波兰宪法中强调需要确保少数族群维系并发展其自身的语言、文化的权利。罗马尼亚在宪法中规定要保障国内少数民族文化、语言权利。二是"谨慎地"平衡官方语言或国语与少数族群语言的关系。如何兼顾官方语言地位规划与少数族群语言权利保障一直是多民族国家面对的棘手问题。保加利亚考虑到母语为非保加利亚语的公民群体利益，因此宪法中赋予少数族群学习本族群语言的权利，同时也要求这一群体必须学习保加利亚语。北马其顿与保加利亚类似，宪法也赋予少数族群语言权利，同时要求开展少数族群语言教育

---

① 《俄罗斯苏维埃联邦社会主义共和国民族语言法》，杨艳丽译，《世界民族》1995年第1期，第75~79页。

的学校的学习者必须学习马其顿语。三是"着重地"保护特定少数族群使用族群语言的权利。斯洛文尼亚是中东欧十六国中唯一将保护少数族群（意大利族、匈牙利族和罗姆族）权利写入宪法的国家。斯洛文尼亚对于特定群体语言权利的保护也是"最高级别"的。宪法中特别强调了意大利语或匈牙利语在意大利族或匈牙利族聚集区内具有等同于官方语言的地位。四是"部分地"按比例保护少数族群语言权利。一些国家在保护少数族群权利时会设定"最低比例"。① 爱沙尼亚宪法规定：只有在少数民族占比超过50%的地区，少数族群才被赋予获得来自国家机关、地方政府及其公职人员使用当地少数族群语言答复的权利。黑山共和国宪法中也有类似的规定，但措辞是"重要比例"，而非确定的"最低比例"。五是"空白地"保护少数族群使用族群语言的权利。中东欧十六国中，波黑和捷克两国在宪法中没有对于官方语言或国语的具体规定，同时两国宪法中也未包含少数族群权利保护的相关条款，而是主要从平等、不歧视、尊重人权的角度阐释了此方面的权利。

（二）教育领域

教育领域承担着语言规划实施和语言权利实现的重任，是国家塑造国民的态度和行为的重要阵地。② 斯库特纳布-坎加斯和菲利普森认为语言权利包含对一种或多种母语的认同权，用一种或多种母语作为媒介进行教育和公共服务的权利。③ 李宇明认为母语学习权、母语使用权是世界公认的语言权利。少数族群学习母语并通过其接受教育的权利是语

---

① 朱福惠、邵自红主编《世界各国宪法文本汇编（欧洲卷）》，厦门大学出版社，2013，第32~43、261~272页。
② 〔英〕吉布森·弗格森：《语言规划与语言教育》，张天伟译，外语教学与研究出版社，2018，第35页。
③ 〔芬〕托弗·斯库特纳布-坎加斯、〔丹〕罗伯特·菲利普森：《语言人权的历史与现状》，高建平译，载中国社会科学院民族研究所"少数民族语言政策比较研究"课题组、国家语言文字工作委员会政策法规室编《国外语言政策与语言规划进程》，语文出版社，2001，第289页。

言权利核心内容之一。① 因此，教育领域是语言权利实现的重要领域之一。

Arfé 决议对于教育领域中少数族群语言使用的要求是"采取步骤保障从托幼学校到大学的官方课程中列入地区性语言和文化。响应大众的要求，在各级学校的各年级中，提供使用地区性语言讲授的课程。尤其强调为托幼学校提供这种教育，旨在保证儿童学会母语"②。虽然 Arfé 决议并没有得到广泛的认可，但它要求扩大少数族群语言在教育领域使用范围的主张是值得肯定的。本书关注教育领域中少数族群语言作为教学媒介语适用的范围和比例，以及国家政府对于少数族群语言及文化课程的安排和支持力度。

（三）司法行政领域

李宇明表示，语言权利的维护在理论上和实践上都可以放在两个层面上进行，即立法层面和司法层面。语言权利的界定应放在立法层面，而语言权利的维护应多放在司法层面。③《语言宪章》第 9 条规定了刑事、民事和行政诉讼中少数族群语言权利以及实现上述权利的方式。司法程序中，为少数族群提供翻译的规定在诸多有关人权的条约中有所体现。以少数族群语言被告知的权利也是国际条约中普遍认可的一种权利。

在司法行政领域，本书主要考察对公共部门提供公共管理服务时运用少数族群语言情况的相关规定，司法行政领域相关法律条款中语言使用的规定，具体包括：司法诉讼程序中语言的选择，起诉书、判决书等其他文书的语言使用，居民与公共部门沟通中语言的使用。本书主要通

---

① 李宇明：《当今人类三大语言话题》，《云南师范大学学报》（哲学社会科学版）2008 年第 4 期，第 21~26 页。
② 中国社会科学院民族研究所"少数民族语言政策比较研究"课题组、国家语言文字工作委员会政策法规室编《国外语言政策与语言规划进程》，语文出版社，2001，第 299 页。
③ 李宇明：《当今人类三大语言话题》，《云南师范大学学报》（哲学社会科学版）2008 年第 4 期，第 21~26 页。

过以上几点考察司法行政领域少数族群语言权利的保障。

（四）大众传媒领域

霍恩伯格和霍特认为媒体深深根植于人们的日常生活中。媒体是文化传播和社会共识构建的重要媒介，在社会和文化变革中发挥着重要且必要的作用。[1] 媒体对大众的语言意识形态起着引导作用，也对语言规范的执行起着极其重要的样板作用。语言在媒体领域是隐性且强大的要素，国家可以通过语言的选择宣扬意识形态。本书主要关注媒体领域少数族群语言作为媒介语的使用以及国家对少数族群语言文化传播的支持等方面内容。

三 分析框架

本书基于少数族群的分类，真正意义上的少数族群、原联邦国家的少数族群、国家认定的本土少数族群三个族群，分析语言权利规划路径四个维度的保障情况，探究中东欧国家少数族群语言权利保障的特点及问题，侧重于语言治理路径的探讨，给出完善之道。

本书主要分为三个部分。第一部分包括绪论及第一章。该部分首先介绍语言权利研究的现实背景和研究意义；其次，评述国内外学界关于少数族群语言权利的研究；再次，对语言权利相关要素以及少数族群进行界定；最后，通过对语言规划理论的介绍，提炼出语言权利保障的四个规划维度，即宪法或部门法的相关规定、教育领域、司法行政领域和大众传媒领域。

第二部分包括第二章至第四章。该部分分别从欧洲区域和国家视阈对少数族群语言权利保障规划机制的实践进行介绍和分析。欧洲区域视角下少数族群语言权利保护的历史沿革经历了"模糊期""渐明期"

---

[1] 〔美〕戴维·约翰逊：《语言政策》，方小兵译，外语教学与研究出版社，2016，第77页。

"明晰期"。目前，欧洲委员会的实践说明其已处在"明晰期"，而欧盟仍处在"渐明期"。国家视阈下，针对真正意义上的少数族群、原联邦国家的少数族群、国家认定的本土少数族群，描述和分析拉脱维亚、斯洛文尼亚的语言权利规划机制四个维度的保障情况，探究不同少数族群语言权利保障的特点及问题。其中，原联邦国家的少数族群语言权利保障呈现出消极的特点，真正意义上的少数族群和国家认定的本土少数族群语言权利保障呈现出较为积极的特点。国家对于不同少数族群的语言保障持区别对待的态度，在规划机制四个维度上也具有保障的象征意义和保障的具体落实的区别。

第三部分为第五章。该部分首先从民族国家的构建、地缘关系的构建、欧洲区域关系的构建等方面分析了拉脱维亚和斯洛文尼亚在少数族群语言权利保障方面的背景；其次，对比两国不同少数族群语言权利保障规划并总结问题；最后，给出少数族群语言权利保障的完善之道，提出语言权利保障规划机制向治理机制转变的前景方向。

根据以上思路，形成了本书的分析框架（见图1-1）。

小　结

本章首先对语言权利的要素，即权利主体、义务主体进行分析和总结；其次，对语言权利的概念和分类进行了介绍和界定；再次，基于以上介绍和分析，尝试对少数族群语言权利进行界定；最后，通过回顾有关语言规划的主要观点和国际社会、区域组织的实践以及学界的研究成果，提炼出语言权利保障规划路径的四个维度，即宪法或部门法的相关规定、教育领域、司法行政领域和大众传媒领域。

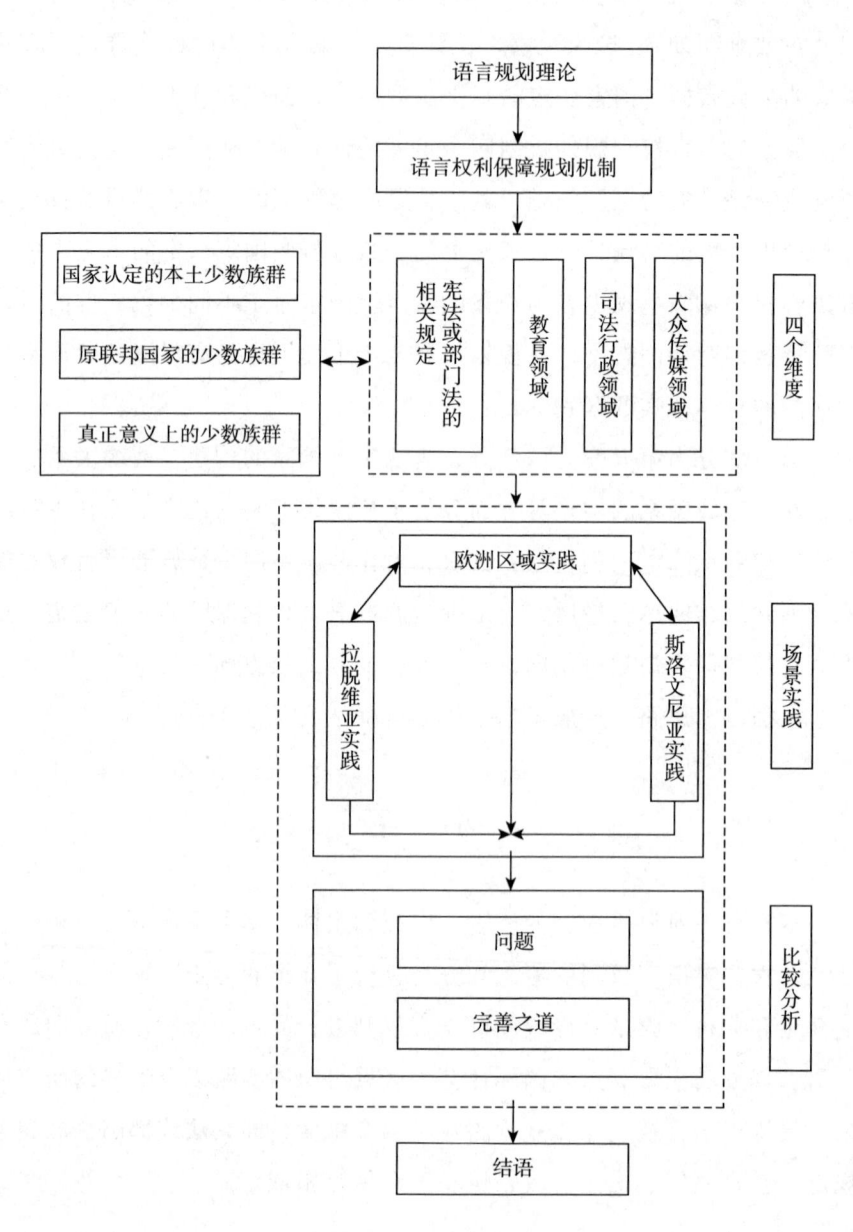

图 1-1　分析框架

第二章　欧洲区域少数族群语言权利保障

第一节　欧洲委员会框架下少数族群语言权利保障机制

欧洲委员会（Council of Europe）作为欧洲地区区域性政治性组织，在联合国人权保护机制的影响下，也逐步建立了少数族群权利保护机制以及语言权利的特别保护机制。基于斯库特纳布-坎加斯提出的语言权利在西方法律文本中五个发展阶段，结合欧洲委员会少数族群权利保护实践，本书将少数族群语言权利保障机制分为"基本"保护机制、"聚焦"保护机制和"精准"保护机制。

一　少数族群语言权利的"基本"保护

二战结束后，国际社会和区域组织设计和颁布了众多人权公约或宪章，欧洲委员会也出台了多个人权公约，但少数族群语言权利仍未在立法上或相关的宣言上得到重视。少数族群语言权利的基本保护主要基于"平等"和"非歧视"原则。自欧洲委员会成立到20世纪80年代，其对于少数族群语言权利的保护一直处在"模糊期"。

（一）《欧洲保护人权与基本自由公约》及其保护机制

1950年，欧洲委员会通过了《欧洲保护人权与基本自由公约》。该公约是人权保护的第一个区域性公约。《欧洲人权公约》规定了人身自由和安全权、生命权、不受奴役权、结社自由权、公平审判权、表达自由权等人权和基本自由。《欧洲人权公约》涉及内容以公民权利和政治权利为主，较少涉及社会、经济和文化权利。该公约在第14条强调"不歧视"原则："任何人在享有本公约所规定权利与自由时，不得因性别、种族、肤色、语言、宗教、政治或其他见解、民族或者社会出身、财产、出生或者其他地位而受到歧视。"[1]《欧洲人权公约》与《联合国宪章》《世界人权宣言》相同，也未包含有关少数族群权利保护的条款。

（二）《欧洲社会宪章》及其保护机制

为了弥补《欧洲人权公约》的不足，欧洲委员会于1961年制定了《欧洲社会宪章》（European Social Charter），明确基本的社会权利及其实施标准。《欧洲社会宪章》保障的权利分为三类：工作和就业的保障，全体群体的保障以及特殊群体如儿童、妇女、残疾人的保障。1996年修订后的《欧洲社会宪章》加入了禁止歧视条款：任何人都不应因种族、肤色、性别、语言、宗教、政治观点、国籍或社会出身、健康等而在享有此宪章明确规定的权利上受到歧视。[2] 较《欧洲人权公约》，《欧洲社会宪章》的内容更加细化和具体，关注到了特定群体——妇女、残疾人及儿童等。

《欧洲人权公约》和《欧洲社会宪章》没有明确提及少数族群权利（语言权利）的保障，主要确立了保护人权的"平等"和"非歧视"原则。

---

[1] European Convention for the Protection of Human Rights and Fundamental Freedoms, https://rm.coe.int/09000016807a0b44，最后访问时间：2019年7月12日。

[2] European Social Charter, https://www.coe.int/en/web/european-social-charter，最后访问时间：2023年8月2日。

二 少数族群语言权利的"聚焦"保护

在东欧剧变的大背景下，欧洲委员会从20世纪80年代开始探索少数族群权利保护的路径。直至两个重要的文件《欧洲区域或少数群体语言宪章》（The European Charter for Regional or Minority Languages）和《欧洲保护少数群体框架公约》（Framework Convention for the Protection of National Minorities）出台，欧洲委员会框架下的少数族群语言权利保护才进入了"明晰期"。《欧洲保护少数群体框架公约》是在《欧洲人权公约》和联合国《在民族或种族、宗教和语言上属于少数群体的人的权利宣言》的基础上制定的。该公约从经济、社会、文化生活和政治等方面就有关少数族群平等权利的充分和有效保障进行了详尽规定，是少数族群权利保护最全面的公约之一，也是为数不多的针对少数族群权利保护的区域性法律文件。《框架公约》的出台标志着族群权利保护机制聚焦到少数族群。

（一）《欧洲保护少数群体框架公约》签署情况

目前，欧洲委员会46个成员国中，已有38个成员国签署及批准《框架公约》，4个国家签署但尚未批准该公约，4个国家既未签署也未批准该公约（见表2-1）。中东欧十六国全部签署及批准该公约。

表2-1 欧洲委员会成员国《框架公约》签署及批准情况

签署、批准《框架公约》成员国	爱尔兰、奥地利、丹麦、德国、荷兰、列支敦士登、马耳他、挪威、葡萄牙、瑞典、瑞士、塞浦路斯、圣马力诺、西班牙、意大利、英国、芬兰、匈牙利、波兰、保加利亚、斯洛文尼亚、立陶宛、捷克、斯洛伐克、爱沙尼亚、罗马尼亚、摩尔多瓦、阿尔巴尼亚、拉脱维亚、乌克兰、北马其顿、克罗地亚、格鲁吉亚、阿塞拜疆、亚美尼亚、波黑、塞尔维亚、黑山
签署但未批准《框架公约》成员国	比利时（2001年）、希腊（1997年）、冰岛（1995年）、卢森堡（1995年）
既未签署也未批准《框架公约》成员国	法国、土耳其、摩纳哥、安道尔

资料来源：欧洲委员会网站。

（二）《欧洲保护少数群体框架公约》的内容

《框架公约》是欧洲在保护少数族群方面具有法律约束力的条文。欧洲委员会监督各缔约国政府在保护少数族群权利方面采取的措施、建立的法律框架以及政策实施情况。

《框架公约》除序言外，正文包含五个部分。第一部分明确了少数族群权利保护的性质、地位和普遍原则（人权保护原则、合作原则和自愿选择原则）。第二部分所包含的十六项条款为核心内容，规定了缔约国采取立法及适当政策以实现《框架公约》所规定的少数族群应享有的权利和自由的义务，同时也规定了国家内的少数族群应享有的基本权利和自由，主要包括：自由地和不受干预地在私人领域和公共场合，以口头和书面形式使用其语言的权利；在教育和研究领域，接受少数族群文化、历史、语言等相关知识培训的权利；各缔约国需承认少数族群成员学习本族群语言的权利；建立和管理少数族群私立教育和培训机构的权利。① 《框架公约》第三部分是对少数族群权利的限制性规定，包括尊重国家法律和他人的权利。第四部分的三项条款明确了《框架公约》的监督以及执行机制。第五部分明确了《框架公约》签署、批准及其生效程序。②

（三）《欧洲保护少数群体框架公约》的评估

《框架公约》颁布以来，在保护少数族群方面效果良好。欧洲委员会 46 个成员国中，38 个国家签署并批准了该公约。咨询委员会和部长委员会根据国别报告了解、追踪、指导、推进各缔约国在保护少数族群方面政策的制定以及措施的实施。五年为一期的监督程序给予各缔约国

---

① Framework Convention for the Protection of National Minorities, https://www.coe.int/en/web/minorities/text-of-the-convention, 最后访问时间：2019 年 7 月 13 日。
② 参见张慧霞《国际人权法视野下少数群体权利保护研究》，博士学位论文，中国社会科学院研究生院，2011；《欧洲理事会〈保护少数民族框架公约〉》，夏敬革、尹航译，《世界民族》1995 年第 2 期，第 77~80 页。

相对足够时间落实咨询委员会和部长委员会的建议和意见。《框架公约》规定的原则不能直接适用于缔约国的国内法律体系，各国需将《框架公约》的规定转化为国家法律或政策。《框架公约》在关于少数族群权利保护方面的条款，为欧洲委员会成员国及有意成为欧洲委员会成员国的国家提供了一个立法和实践的模式及法律基准。

因考虑到少数族群的复杂性以及多样性，欧洲委员会慎重地没有在《框架公约》中对少数族群进行定义，而是将主动权留给各缔约国。该做法与《语言宪章》的做法一致。少数族群问题是各个国家的内政，各个国家在不同的历史时期治国理政的侧重点也有所不同，甚至在政府更迭之时，政策的转变或调整幅度是相当巨大的。因此，如果欧洲委员会不考虑各缔约国少数族群问题差异性而"一味"地给出"欧洲标准"或"欧洲委员会标准"，反而不利于《框架公约》的签署、批准以及有效实施。当然一定的自由裁量权使得各缔约国有权决定可以受到保护的少数族群的范围，从而造成部分少数族群被排除在保护范围之外。因此咨询委员会特别强调：不应以执行《框架公约》为由对某些少数族群采取任意或不公正的做法。《框架公约》是无制裁措施的软法，公约的执行更多依赖道德舆论压力，而不是司法强制。咨询委员会建议书可对缔约国形成政治压力，提高各国的行动意识。

《框架公约》在少数族群保护方面具有里程碑式的意义。其一，它明确了属于少数族群享有的具体权利：维护和发展其文化，保持其特性的基本要素，即宗教、语言、传统和文化遗产；享有和平集会的自由，结社自由，言论自由，思想、意识和宗教自由的权利。其二，它要求缔约国应采取积极措施提高少数族群的地位，促进保护少数族群权利的实现。例如，在必要情况下，采取适当措施促进少数族群成员与主体民族成员在经济、社会、政治、文化生活等所有领域的全面有效的平等；采取有效措施促进所有居住在领土上的人相互尊重、理解和合作，特别是在教育、文化及传媒等领域，而不应考虑其种族、文化、语言或宗教特性；努力与其他国家特别是邻国达成双边或多边协议，以确保对有关少数族群成员的保护等。其三，它不仅要求缔约国采取积极的措施，同时它也要求缔约国承诺限制某些可能对少数族群利益造成伤害的行为。例如，各方不应采取违背少数族群成员意愿、以对其进行同化为目的的政策及做法，并应保护他们免受任何旨在对其进行同化的行为；各方同意不妨碍少数族群成员享有跨国界与合法居住在其他国家特别是那些与其有共同种族、文化、语言或宗教特征或共同文化遗产的人建立和保持自由和平交往关系的权利；各方同意不妨碍少数族群成员享有参加国内、国际非政府组织活动的权利。

三 少数族群语言权利的"精准"保护

1989年11月柏林墙倒塌，1991年苏联解体，一系列历史事件导致整个欧洲政治格局发生巨大震荡。东欧剧变使得欧洲区域民族问题日益凸显，语言问题是民族问题中最重要的内容之一。鉴于此状况，欧洲委员会部长委员会经过长期筹备，于1992年制定了意义深远的《欧洲区域或少数群体语言宪章》。此宪章是旨在保护区域少数族群语言的唯一具备国家约束力的区域性协定。1992年6月25日《语言宪章》由欧洲委员会正式通过，同年11月5日开始接受成员国签署，于1998年3月1日正式生效。《语言宪章》要求缔约国对国内的少数族群语言进行保护，以促进语言的发展、维护不同语言使用者间的平等，从而在更大范围内为非歧视原则的实施提供保障。该宪章以语言以及语言所承载的文化为保护目标，未提及语言群体或语言权利保护，但在客观上为语言权利的实现提供了"精准"保护。

（一）《欧洲区域或少数群体语言宪章》签署情况

截至2022年底，欧洲委员会46个成员国中，共有25个国家签署、批准《语言宪章》，7个国家签署但尚未批准该宪章，14个国家尚未签署以及批准该宪章（见表2-2）。

表 2-2 欧洲委员会成员国《语言宪章》签署及批准情况

签署、批准《语言宪章》成员国	亚美尼亚、奥地利、波黑、克罗地亚、塞浦路斯、捷克、丹麦、芬兰、德国、匈牙利、列支敦士登、卢森堡、黑山、荷兰、挪威、波兰、罗马尼亚、塞尔维亚、斯洛伐克、斯洛文尼亚、西班牙、瑞典、瑞士、乌克兰、英国
签署、未批准《语言宪章》成员国	阿塞拜疆、法国、冰岛、意大利、马耳他、北马其顿、土耳其
未签署、未批准《语言宪章》成员国	爱尔兰、比利时、葡萄牙、圣马力诺、希腊、保加利亚、立陶宛、爱沙尼亚、安道尔、摩尔多瓦、阿尔巴尼亚、拉脱维亚、格鲁吉亚、摩纳哥

资料来源：欧洲委员会网站。

欧盟 28 个成员国中，17 个成员国签署并批准《语言宪章》，3 个成员国签署但尚未批准《语言宪章》，8 个成员国尚未签署及批准《语言宪章》（见表 2-3）。[①]

表 2-3 欧盟成员国《语言宪章》签署及批准情况

签署、批准《语言宪章》成员国	奥地利、塞浦路斯、克罗地亚、捷克、丹麦、芬兰、德国、匈牙利、卢森堡、荷兰、波兰、罗马尼亚、斯洛伐克、斯洛文尼亚、西班牙、瑞典、英国
签署、未批准《语言宪章》成员国	法国、意大利、马耳他
未签署、未批准《语言宪章》成员国	爱尔兰、比利时、葡萄牙、希腊、保加利亚、立陶宛、爱沙尼亚、拉脱维亚

资料来源：欧洲委员会及欧盟网站。

中东欧十六国中，10 个国家签署并批准《语言宪章》，1 个国家签署但尚未批准《语言宪章》，5 个国家尚未签署及批准《语言宪章》。此外，中东欧十六国中，11 个国家是欧盟成员国，其中 7 个成员国签署并批准《语言宪章》，4 个成员国尚未签署及批准《语言宪章》。

(二)《欧洲区域或少数群体语言宪章》的内容

《语言宪章》制定初衷在于促进各国对语言是文化遗产和历史最

[①] 本书中欧盟成员国数统计截至 2019 年底。

重要的载体的认同。少数族群语言保护问题既是对文化遗产的保护，也是对少数族群权利的保护。《语言宪章》从筹备、草拟、讨论、修改、定稿到颁布的过程十分漫长，原因之一是欧洲地区少数族群语言问题较为复杂，各国因历史、文化、社会、宗教、族裔等问题，在保护少数族群方面有着截然不同的观念、取向与现实举措。《语言宪章》中有些措辞较为模糊与泛化，并没有提及较为敏感的"语言权"或"语言权利"等术语，而是将区域或少数族群语言中体现的文化价值的概念根植其中，通过保护文化的方式实现保护语言的目的。《语言宪章》并未明确指出哪些语言应受到保护，要求区域性或少数族群语言的概念界定须根据事实存在并由各缔约国确认。《语言宪章》在序言中特别强调："在私人和公共生活中使用区域性或少数族群语言的权利是一种不可剥夺的权利。"①

《框架公约》在保障少数族群语言权利方面属于消极保护，而《语言宪章》在少数族群语言权利保护方面不仅包含反歧视的条款，还支持和鼓励少数族群使用族群语言，属于积极保护。同时，《语言宪章》也明确规定了保护、鼓励区域或少数族群语言不应损害各国官方语言的使用原则。

《语言宪章》分为序言、第一节"总则"、第二节"目的与原则"、第三节"在公共生活中推行区域或少数群体语言的措施"、第四节"宪章的实施"、第五节"最后条款"。②

序言概述了《语言宪章》制定的背景和主要目的。

第一节（第1~6条）阐述一般规定，包括定义、适用范围和国家义务等。第1条给出"区域或少数群体语言"的定义："群体人数在全国人口中占少数的国民在一定地区内使用的传统语言；与该国的

---

① 〔俄〕阿列克谢·科热米亚科夫：《〈欧洲区域或少数民族语言宪章〉：保护与促进语言与文化多样性十年记》，周小进译，《国际博物馆》（中文版）2008年第3期，第31~41页。
② European Charter for Regional or Minority Languages Strasbourg 5. Ⅺ. 1992, https://www.coe.int/en/web/conventions/full-list/-/conventions/rms/0900001680695275，最后访问时间：2019年3月1日。

官方语言不同；既不包含官方语言的方言，也不包括移民语言。"该条也对"区域或少数群体语言"的相对概念"非地区性语言"（非属地语言）加以解释，即"该国国民使用的一些语言，它们不同于全国其他剩余人口所使用的一种或若干种语言，虽然传统上该语言曾经在该国领土内使用过，但无法识别该语言使用的特定地区"[①]。在国家义务方面，第 2 条强调缔约国需承诺要实施第三节条款中至少 35 款（或项、目）。第 4 条还进一步解释了《语言宪章》和《欧洲人权公约》之间的关系，即该宪章中所有内容均不得解释为限制或背离《欧洲人权公约》所保障的种种权利。

第二节（第 7 条）说明《语言宪章》的目的与原则，承认任何一种语言所涵盖的文化价值，推进为了保护区域性或少数群体语言所采取的措施，鼓励族群语言的使用，加强不同语言之间的交流，促进语言的教学，加强不同语言群体之间的相互尊重、理解和包容。

第三节（第 8~14 条）分别从教育、司法机关、行政机关与公共服务、媒体、文化活动与设施、经济与社会生活、跨境交流七个方面将第二节的原则转化为具体条款，规定促进区域或少数群体语言在经济和公共生活的具体措施。

第四节（第 15~17 条）要求缔约国每三年向专家委员会提交一份国家定期报告，专家委员会对报告审议以后，将其提交给部长委员会。[②]

《语言宪章》在保护少数族群语言方面具有突破性的意义。其一，《语言宪章》并未直接涉及对少数族群的保护，而是将少数族群使用的语言设定为欧洲文化遗产与多样性的重要体现加以保护，这种方式既一

---

① European Charter for Regional or Minority Languages Strasbourg 5. XI. 1992, https://www.coe.int/en/web/conventions/full-list/-/conventions/rms/0900001680695175，最后访问时间：2019 年 3 月 1 日。

② European Charter for Regional or Minority Languages Strasbourg 5. XI. 1992, https://www.coe.int/en/web/conventions/full-list/-/conventions/rms/0900001680695175，最后访问时间：2019 年 3 月 1 日。

定程度上避免少数族群保护问题的复杂性，又可以切实地保护少数族群，毕竟语言的使用群体是相关政策的最终获益者。其二，《语言宪章》分别在教育、司法机关、行政机关与公共服务、媒体、文化活动与设施、经济与社会生活、跨境交流七个方面通过58项条款规定保护少数族群语言的措施。《语言宪章》要求缔约国承诺实施58项中至少35项，而并非全部条款。缔约国在条款选择上具有一定自由度的方式便于条款切实有效的落地。其三，《语言宪章》建立了一个较为完整的遵行机制。《语言宪章》明确了各缔约国批准、接受和承认的程序以及退出机制，专家委员会的组建流程，国家定期报告提交的流程以及报告的审查流程，专家委员会根据国家定期报告和实地调研所拟的建议书的提交和公布方式等。尽管该遵行机制在实际运作中遇到了国家定期报告拖延提交、专家委员会实地调研流于形式、专家委员会和部长委员建议滞后等问题，但从监督程序上遵行机制是较为完整的。

（三）《欧洲区域或少数群体语言宪章》的实施

《语言宪章》生效20多年来，在促进欧洲区域性或少数族群语言发展方面产生了积极效果。《语言宪章》清晰地规定了国家的义务和在一定领域需采取的具体措施，明确地指导国家行为，从而加深了少数族群对群体权益的了解。欧洲委员会的专家委员经过数据分析、实地调研后提交的评估报告对于促进宪章有序、良好的执行起到了积极有效的推动作用。评估报告详细地介绍各缔约国在保护和促进区域或少数族群语言发展方面所制定的法律法规以及具体有效的措施。斯洛文尼亚当局为促进公务员在行政管理等公共领域使用少数族群语言采取了经济上的奖励措施。① 丹麦当局要求相关工作人员收到德语电子邮件应以德语进行回复；在公共部门工作人员的招聘程序中，特别注意申请人的德语语言

---

① Report of the Committee of Experts on Slovenia Initial Monitoring Cycle, https://www.coe.int/en/web/european-charter-regional-or-minority-languages/reports-and-recommendations#｜"28993157"：[1]｜，最后访问时间：2019年12月12日。

使用能力。[1] 与此同时,《语言宪章》评估报告清晰指出了各缔约国存在的问题、相关政策措施实施的不足以及产生某些问题的可能原因。芬兰的萨米人在地方议会辩论中很少使用萨米语,原因是口译服务不能实时提供或使用萨米语发言的演讲人可能会感受到歧视。[2] 瑞典在行政管理等公共领域部门的公务员不具备使用少数族群语言能力的现象很普遍,主要原因是地方政府在招聘中很少将语言能力视为一项优势或特殊的资质,相关工作人员工作中使用少数族群语言的动力不足。[3] 专家委员会指出,捷克国内已拥有一定数量少数族群的区域或少数族群自治区域,一些场景下少数族裔的语言使用者仅在象征性的介绍性发言中使用本族群语言,而主要内容的陈述和会议纪要等均使用捷克语。[4] 专家委员会指出,捷克国内少数族群在使用本族群语言时会有不便的情况,原因是行政管理和公共领域(除社区层面)并没有足够的人员且有能力的人员也无积极性去处理以少数族群语言编写的文件,因此少数族群便放弃使用本族群语言的权利。[5] 在斯洛文尼亚生活的匈牙利族担心被贴上"麻烦制造者"的标签而不使用匈牙利语,也有部分匈牙利族对所拥有的相关权益知之甚少。[6]

---

[1] Report of the Committee of Experts on Denmark Third Monitoring Cycle, https://www.coe.int/en/web/european-charter-regional-or-minority-languages/reports-and-recommendations#{"28993157":[1]},最后访问时间:2019年12月12日。

[2] Report of the Committee of Experts on Finland Initial Monitoring Cycle and Second Monitoring Cycle, https://www.coe.int/en/web/european-charter-regional-or-minority-languages/reports-and-recommendations#{"28993157":[1]},最后访问时间:2019年12月12日。

[3] Report of the Committee of Experts on Sweden Initial Monitoring Cycle, https://www.coe.int/en/web/european-charter-regional-or-minority-languages/reports-and-recommendations#{"28993157":[1]},最后访问时间:2019年12月12日。

[4] Report of the Committee of Experts on Czech Third Monitoring Cycle, https://www.coe.int/en/web/european-charter-regional-or-minority-languages/reports-and-recommendations#{"28993157":[1]},最后访问时间:2019年12月12日。

[5] Report of the Committee of Experts on Hungary Initial Monitoring Cycle, https://www.coe.int/en/web/european-charter-regional-or-minority-languages/reports-and-recommendations#{"28993157":[1]},最后访问时间:2019年12月12日。

[6] Report of the Committee of Experts on Slovenia Second Monitoring Cycle, https://www.coe.int/en/web/european-charter-regional-or-minority-languages/reports-and-recommendations#{"28993157":[1]},最后访问时间:2019年12月12日。

(四)《欧洲区域或少数群体语言宪章》缔约国少数族群权利保护评估

《语言宪章》实施以来,在少数族群语言保护问题上取得了很大成效,也为其他国家和地区提供了良好的示范。《语言宪章》将区域或少数族群语言作为欧洲文化遗产进行保护。2018年《语言宪章》实施20周年之际,当初被认为是该宪章的主要弱点,即缺乏对少数族群的定义和解释,被证明真正体现出其适应性和伸缩性的特点。正因为没有对少数族群下一个明确的定义,每个缔约国可根据国家的民族特点和实际情况来制定符合宪章的政策,以实现在未来继续保障相关权利的共同愿望。[1]

但是,《语言宪章》的推进和评估工作仍有诸多问题亟待解决。第一,签署进展缓慢。欧洲委员会46个成员国中仍有14个成员国既未签署也未批准宪章,7个成员国虽然签署但尚未批准宪章。25个缔约国中有23个国家是在宪章开始实施的第一个十年签署以及批准宪章。《语言宪章》实施的第二个十年,只有波兰和波黑签署并批准该宪章。第二,国家拖延提交定期报告情况严重。监督程序是《语言宪章》管理机制重要的内容之一。过去的20年,缔约国定期报告提交的拖延问题以及缔约国对于建议书响应的时间过长等情况屡有发生。缔约国拖延提交国家定期报告,使专家委员会无法开启监督程序,造成新一轮的监督程序无限期延后。部长委员会建议书发布后,缔约国响应速度极慢(罗马尼亚对于第一轮的建议书响应时间约为四年)[2],造成建议书可能无法

---

[1] 20th Anniversary of the European Charter for Regional or Minority Languages, https://www.coe.int/en/web/european-charter-regional-or-minority-languages/20th-anniversary,最后访问时间:2019年3月1日。

[2] 罗马尼亚2008年实施《语言宪章》,2009年第一次提交国家定期报告,2012年收到部长委员会的建议书。2016年提交第二次定期报告,2018年收到部长委员会的建议书。第一次定期报告与第二次定期报告间隔为7年。https://www.coe.int/en/web/european-charter-regional-or-minority-languages/reports-and-recommendations# {"28993817": [1]},最后访问时间:2019年12月12日。

解决实际问题的现实。第三，评估报告效能发挥有限。在现行的《语言宪章》程序中，专家委员会将评估报告提交给相关缔约国后两个月内，该缔约国可以就其内容发表评论。缔约国的评论通常包含事实性信息，如更新的统计数据等。但专家委员会评估报告不会根据评论修改报告的相关内容，而是将相关的信息以附加文件的形式一并提交，这些文件具有独立的勘误功能。这种监督程序是一种单向的、静态的模式，不利于缔约国与专家委员会之间有效地、良好地就缔约国存在的相关问题建立动态的、双边的沟通以及对话渠道，同时也会造成发布的相关评估报告在内容上出现前后不一、自相矛盾的情况。从诸多缔约国的评估报告可以看出：语言使用者在公共事务、教育、媒体、司法领域中使用族群语言并没有得到足够的支持和保障。

第二节　欧洲联盟框架下少数族群语言权利保障机制

　　欧洲地区相对于其他地区而言，语言、文化、民族、宗教等方面都具有鲜明的特点。欧盟认为多种语言的和谐共存是"多样性中的统一"的体现。[①] 戴曼纯认为欧盟委员会深知尽管语言和教育政策由各成员国自行制定，作为超国家组织的欧盟对语言、教育和文化的影响力比较有限，但欧盟一直努力保护语言多样性，推行多语政策。[②] 由此可以看出虽然欧盟委员深知在语言规划和少数族群保护方面的"界限"，但也在最大的范围内为保护语言多样性和少数族群的语言权利努力作为。

[①] 周晓梅：《欧盟语言多元化战略对中国少数民族语言教育的启示》，《贵州民族研究》2012年第1期，第174~179页。

[②] 戴曼纯：《欧盟多语制与机构语言政策》，《语言政策与规划研究》2017年第1期，第1~11、91页。

一 欧盟域内的少数族群情况

欧盟的前身是欧洲煤钢共同体①,该共同体有6个创始国(法国、联邦德国、意大利、比利时、荷兰及卢森堡)。欧盟28个成员国中,只有希腊、匈牙利等9个国家少数族群人数占总人口的10%以下,罗马尼亚、立陶宛、保加利亚等国家占比在10%~20%,拉脱维亚、爱沙尼亚和克罗地亚境内的少数民族人口占比超过20%。②欧盟成员国中的少数民族可以分为:没有母国的真正意义上的少数民族,如罗姆族、加泰罗尼亚族;特定范围内的少数民族,即在某个国家或区域内是少数族群而在其他区域或国家是主体民族或主要民族。目前,欧盟成员国中都存在至少一个少数民族,也就意味着至少存在一种少数族群语言。

二 少数族群语言权利的"基本"保护

欧盟(欧共体)的诸多重要条约或文件并未含有少数族群权利保护的相关条款,主要注重强调平等原则和不歧视原则。欧盟仅在《欧盟基本权利宪章》中规定了应尊重文化、宗教及语言的多样性。

1.《罗马条约》

1957年的《罗马条约》(Treaty of Rome)序言中提出:"消除分裂欧洲的各种障碍,加强各成员国经济的联结,保证协调发展,建立更加紧密的联盟基础等"的目标。关于文化,第128条提出:"共同体将致力于促进成员国文化发展和交流,尊重国家和地区文化多样性。"③

---

① 欧洲煤钢共同体成立于1952年,1965年更名为欧洲共同体,后来随着经济联盟和政治联盟的建立,1993年欧洲共同体更名为欧洲联盟。
② 田鹏:《集体认同视角下的欧盟语言政策研究》,北京大学出版社,2015,第134页。
③ Treaty of Rome, https://eur-lex.europa.eu/legal-content/EN/ALL/?uri=CELEX:11992E/TXT,最后访问时间:2019年10月1日。

2.《马斯特里赫特条约》

1991年欧共体出台的《马斯特里赫特条约》(Maastricht Treaty)是欧洲一体化进程中具有里程碑意义的条约。《马斯特里赫特条约》第F条第2款规定:"联盟应尊重1950年11月4日在罗马签署的《欧洲保护人权与基本自由公约》所保证的并源于各成员国宪法传统的基本权利作为共同体的总原则。"①

3.《阿姆斯特丹条约》

1997年6月通过的《阿姆斯特丹条约》(Treaty of Amsterdam)对《马斯特里赫特条约》与《罗马条约》进行了修正。《阿姆斯特丹条约》的第一部分两章内容主要强调联盟公民权利及其保护。《阿姆斯特丹条约》增加了第6a条:"在不损害本条约其他条款的前提下,在其赋予欧共体权能的范围内,理事会根据委员会的提案并与欧洲议会磋商后,在全体意见一致的情况下,可以采取适当的旨在同基于性别、种族或民族出身、宗教或信仰、残障、年龄或性取向的歧视做斗争的行动。"②

4.《里斯本条约》

《里斯本条约》(Treaty of Lisbon)在《欧盟宪法条约》的基础上修改而成,被视为"简版"的《欧盟宪法条约》。《里斯本条约》第5b条规定:"在定义和实施其政策和活动时,联盟应致力于消除基于性别、种族或族裔血统、宗教或信仰、残疾、年龄或性取向的歧视。"③

5.《欧盟基本权利宪章》

《欧盟基本权利宪章》(Charter of Fundamental Rights of the European Union)第一章"原则"第10条规定:"在定义和执行其政策和活动

---

① Maastricht Treaty, https://eur-lex.europa.eu/legal-content/EN/TXT/? uri = CELEX: 11992M/TXT, 最后访问时间: 2019年10月1日。
② Treaty of Amsterdam, http://www.europal.europa.eu/topics/treaty/pdf/amst-en.pdf, 最后访问时间: 2019年10月1日。
③ Treaty of Lisbon, https://eur-lex.europa.eu/legal-content/EN/ALL/? uri = OJ: C: 2007: 306: TOC, 最后访问时间: 2019年10月1日。

时，联盟应致力于消除基于性别、种族或族裔、宗教或信仰、残疾、年龄或性取向的歧视。"第二章"不歧视和公民身份"第 19 条（1）规定："在不损害本条约其他条款的前提下，在条约赋予欧盟的权力范围内，理事会根据特别立法程序，与欧洲议会磋商后，可以采取适当的旨在与歧视做斗争的行动。"第二章第 21 条"不歧视"强调："任何基于性别、种族、肤色、血统或社会背景、语言、宗教与信念、政治或任何其他意见、少数族裔成员、财产、出生、残障、年龄或倾向之歧视，均应被禁止。"第二章第 22 条"文化、宗教与语言多元性"强调："应尊重文化、宗教与语言之多样性。"①

2000 年欧盟部长理事会出台的《种族平等法令》② 和《就业平等法令》③ 是涉及少数族群具体权益的重要文件。

三 少数族群语言权利的"聚焦"保护

在欧洲煤钢共同体以及欧共体时代，保护少数族群权利并不是其关注的重点。欧共体条文中对于少数族群问题鲜有提及。欧洲议会、欧共体委员会和欧共体法院解决少数族群问题时均基于"平等"及"非歧视"的原则。欧共体对少数族群给予高度关注始于中东欧国家有意加入欧共体之时。欧共体考虑到大部分候选国少数族群问题突出，便将少数族群权利保护提上了议事日程。欧盟坚持通过强调不同语言间的平等以及尊重文化多样性来体现族群间的平等。

第一，成员国官方语言间的平等。欧盟域内语言规划的主要原则是

---

① Charter of Fundamental Rights of the European Union, https://www.consilium.europa.eu/media/29736/qc0116985enn.pdf, 最后访问时间：2019 年 10 月 6 日。
② Implementing the Principle of Equal Treatment between Persons Irrespective of Racial of Ethic Origin, https://eur-lex.europa.eu/LexUriServ/LexUriServ.do?uri=CELEX:32000L0043:en:HTML, 最后访问时间：2019 年 10 月 6 日。
③ Establishing a General Framework for Equal Treatment in Employment and Occupation, http://ec.europa.eu/employment_social/fundamental_rights/pdf/legisln/2000_78_en.pdf, 最后访问时间：2019 年 10 月 6 日。

所有成员国官方语言一律平等。欧洲煤钢共同体时期便遵循语言地位平等的原则。1958年4月15日的1/58号决议第1条规定：成员国的官方语言确立为欧共体的官方语言。六个创始国的官方语言——德语、意大利语、法语、荷兰语是共同体的官方和工作语言；每增加一个成员国，均将其官方语言列为共同体的官方和工作语言。这被认为是欧盟多官方语言制度的法律依据，也为后来欧共体扩大时的语言政策提供了法律基础。《欧盟基本权利宪章》第五章第41款第4条明确规定，欧盟公民可以使用《欧洲联盟条约》规定的任何语言与欧盟机构进行书面交流，且机构的回复必须使用相同的语言。[1]

第二，促进文化的多样性。Arfé决议[2]于1981年10月16日由欧洲议会通过，该决议是关于区域语言和文化以及少数族群权利的可行性报告。该决议向共同体委员会、其他共同体机构及成员国提出应鼓励地方当局、区域和国家在传媒、教育和公共生活领域促进使用少数族群语言。

《马斯特里赫特条约》在保障语言多元化方面的规定是：欧盟有义务尊重各成员国的国家特性。[3] 1997年的欧盟《阿姆斯特丹条约》第8条D款规定与《欧盟基本权利宪章》的内容相似。[4] 2002年欧盟《关于促进语言多样性及语言学习的决议》进一步诠释"所有语言社团均享有平等权利"这一概念。但克瑞斯认为该决议似乎在暗示其他重要层面上可能存在不平等现象。[5]

第三，出台少数族群权利保护标准。1993年欧盟出台的针对入盟

---

[1] 王静：《多语言的欧盟及其少数民族语言政策》，《内蒙古大学学报》（哲学社会科学版）2013年第2期，第117~120页。

[2] Arfé Resolution European Parliament 16 October 1981 [1984] OJ C287/106.

[3] 戴曼纯：《欧盟多语制与机构语言政策》，《语言政策与规划研究》2017年第1期，第1~11、91页。

[4] Treaty of Amsterdam, http://www.europal.europa.eu/topics/treaty/pdf/amst-en.pdf, 最后访问时间：2019年10月1日。

[5] Mairead Nic Craith, *Europe and the Politics of Language: Citizens Migrants and Outsiders*, New York：Palgrave Macmillan, 2006, pp. 174-175.

候选国的"哥本哈根标准"终于拉开了欧盟保护少数族群权利以及语言权利的序幕。

"哥本哈根标准"以政治标准、经济标准和法律标准衡量国家是否具有资格加入欧盟。欧洲委员会根据《欧洲联盟条约》的有关条款于1993年6月在丹麦首都哥本哈根制定"哥本哈根标准",并首次表示如果中东欧国家若能满足相关政治、经济及法律标准,就能成为欧盟正式成员国。政治标准的具体内容是要求候选国有稳定的民主制度、实行法制、尊重人权、保护少数民族权利;经济方面要求候选国实行市场经济;法律方面要求候选国接受共同体法。从1998年开始,欧盟委员会每年会公布针对候选国的评估报告,该报告会列举候选国在入盟准备阶段的某些不足,以督促候选国进行改进。其内容之一是分析候选国是否满足了欧盟理事会所要求的政治条件:包括民主、法制、人权及少数民族保护。中东欧国家民族构成和宗教信仰复杂,部分国家历史上经历过民族迫害,独立后民族矛盾又进一步升级。因此,考虑到以上因素,欧盟将"尊重和保护少数民族"写入"哥本哈根标准",这标志着少数族群问题真正提上欧盟的议事日程。

欧盟通过"哥本哈根标准"和评估报告对各候选国在少数族群使用族群语言方面的情况进行监督和督促,并发挥了一定作用。艰难的谈判过程中,欧盟不断出台宪章、法令、条约、年度评估报告等,候选国努力调适本国的少数族群政策以期入盟。各个候选国相继签署并批准了《欧洲人权公约》《框架公约》《种族平等法令》《就业平等法令》等文件。部分国家签署和批准了《语言宪章》。可见,东扩过程中,少数族群权利保护成为欧盟考察候选国是否满足入盟政治标准的内容之一,其中罗姆族群体保护也成为欧盟考量和评估的一个要点。

1998年11月,欧盟委员会发布了包含五部分内容的第一份评估报告。1998年之后的评估报告既对候选国自上一年度评估报告发布以来取得的进步进行分析,又对在上一年度报告中指出需要改进的地方给予更多关注。①

赖特认为，欧盟在保护少数族群及少数族群使用族群语言方面只是发挥着次要的作用。毕竟从严格的法律意义上讲，这个领域不在其管辖权内。然而，欧洲委员会、欧盟在未得到明确的授权前已经"冒险"涉及该领域了。尽管这些决议因为缺少法律基础而几乎不具有法律约束力，却具有惊人的影响力，可以明显地改变人们的态度。②

第三节　欧洲区域少数族群——罗姆族语言权利保障机制

在欧洲地区乃至在世界范围内，罗姆族群体因社会固有的偏见、本群体较低的文化水平、较高的失业率以及没有母国的保护等原因成为被严重边缘化的民族。罗姆族作为中东欧地区主要的真正意义上的少数民族，是欧洲主要区域组织在少数族群保护方面重点关注的对象。

一　欧洲地区罗姆族的历史及现状

（一）罗姆族的历史

部分罗姆族在 11~14 世纪离开印度经波斯、亚美尼亚和小亚细亚移居到欧洲，并选择定居此地。罗姆族人自来到欧洲大陆便长期遭到歧视、被边缘化甚至遭到迫害。两次世界大战期间，有 40 万~50 万罗姆族人被屠杀。纽伦堡审判期间，这一种族灭绝事件却没有被提及，也没有国家或组织向在集中营幸存下来的罗姆族人提供援助或赔偿。历史上，罗姆族因为被歧视、迫害而选择多次大规模的移居。罗姆族受到区域或国家政局变化的影响较大。最近的一次大规模迁移是在苏联以及南

---

① 田鹏：《集体认同视角下的欧盟语言政策研究》，北京大学出版社，2015，第 140~141 页。
② Sue Wright, *Community and Communication: The Role of Language in Nation Building and European Integration*, Clevedon: Multilingual Matters, 2000.

斯拉夫解体后。

1971 年第一届世界罗姆族代表大会确定了"罗姆族"这一名称。罗姆族组成较为复杂，包括语言不同、文化不同的多个群体分支。①

（二）罗姆族的现状

全世界有超过 1200 万的罗姆族人，至少有 800 万人生活在欧洲，其中超过 600 万人主要生活在中东欧国家（见表 2-4）。罗姆族是真正意义上的少数族群。虽然大部分罗姆族是某个国家的公民，但他们往往享受不到与其他公民相同的权利或待遇。被孤立、文盲率高、贫穷、权利意识不足使得该群体长期生活在社会的最底层，而以非公民的身份居住在一些国家的罗姆族群体的相关权利就更无法得到有效的保护。

表 2-4　罗姆族人口数据

单位：人，%

	总人口（世界银行 2010）	罗姆族人口官方数据	人口普查年份	罗姆族人口最小估值	罗姆族人口最大估值	罗姆族人口平均估值	罗姆族占总人口比例
罗马尼亚	21442012	619007	2011	1200000	2500000	1850000	8.63
保加利亚	7543325	325343	2011	700000	800000	750000	9.94
匈牙利	10008703	190046	2001	500000	1000000	750000	7.49
塞尔维亚（不含科索沃）	7292574	108193	2002	400000	800000	600000	8.23
斯洛伐克	5433456	89920	2001	380000	600000	490000	9.02
捷克	10525090	11718	2001	150000	250000	200000	1.90
北马其顿	2060563	53879	2002	134000	260000	197000	9.56
阿尔巴尼亚	3204284	1261	2001	80000	150000	115000	3.59
波黑	3760149	8864	1991	40000	76000	58000	1.54
克罗地亚	4424191	9463	2001	30000	40000	35000	0.79
波兰	38187488	12731	2002	15000	50000	32500	0.09

① The Council of Europe：Protecting the Right of Roma—What's in a Name? https：//www. coe. int/en/web/roma-and-travellers/resources，最后访问时间：2019 年 12 月 1 日。

续表

	总人口（世界银行2010）	罗姆族人口官方数据	人口普查年份	罗姆族人口最小估值	罗姆族人口最大估值	罗姆族人口平均估值	罗姆族占总人口比例
黑山	631490	8305	2011	15000	25000	20000	3.17
拉脱维亚	2242916	8517	2011	9000	16000	12500	0.56
斯洛文尼亚	2052821	3246	2002	7000	10000	8500	0.41
立陶宛	3320656	2571	2001	2000	4000	3000	0.09
爱沙尼亚	1339646	584	2009	600	1500	1050	0.08
欧洲委员会47个成员国	817204500	1753959		6156900	16193700	11175300	1.37
欧盟27个成员国	502087670	1292893		4338700	7985500	6162100	1.18
欧洲	828510000	1809631		6206900	16313700	11260300	1.36

注：数据更新至2012年7月2日，估值包含境内罗姆族人和与罗姆族有关的群体以及罗姆族移民。

资料来源：欧洲委员会网站。

罗姆族人在保加利亚、北马其顿、斯洛伐克、罗马尼亚、塞尔维亚（不含科索沃）、匈牙利等国家中的数量占比较大：占保加利亚总人口的9.94%，占北马其顿总人口的9.56%，占斯洛伐克总人口的9.02%，占罗马尼亚总人口的8.63%，占塞尔维亚（不包括科索沃）总人口的8.23%，占匈牙利总人口的7.49%，占阿尔巴尼亚总人口的3.59%。

罗姆语是源于印度北部的一种接近梵语的语言。罗姆语中有许多外来语，14世纪之前的波斯语、亚美尼亚语和希腊语，而后的德语、罗马尼亚语和土耳其语。

欧洲区域内罗姆族的文盲率在50%以上。许多罗姆族儿童无法获得与其他儿童同样的高质量教育。歧视和偏见是受教育机会不平等的主要原因。现实中，部分罗姆族儿童因居住在郊区或偏远地方而无法求学，绝大部分罗姆族儿童没有机会接受任何心理或教育上的评估，部分罗姆族儿童只能去与主流教育隔绝的具有特殊性质的学校就读，部分罗姆族儿童被安置在有特殊儿童的课堂中读书。这种类似隔离的教育从小就将罗姆族排除在主流社会之外，严重阻碍罗姆族融入社会的步伐。负面的陈规定型观念以及早婚的现实，使得罗姆族群体中妇女的现状更加堪忧。

二 欧洲委员会框架下罗姆族语言权利保护机制

欧洲委员会一直致力于保护该区域内的人权。没有母国的罗姆族人是欧洲委员会的关注重点。目前，罗姆族已被列入《语言宪章》的保护列表中。除颁布《框架公约》以及《语言宪章》的相关措施外，欧洲委员会在罗姆族少数族群保护实践方面也积极采取行动。

2011年初，欧洲委员会启动了传递者培训计划（Mediator Training）项目。培训的人员大多来自罗姆族社区，他们的职责是促进社区与公共机构之间在教育、医疗、住房和就业方面的沟通。参加该计划的国家有保加利亚、捷克、匈牙利、摩尔多瓦、罗马尼亚、塞尔维亚、斯洛伐克、北马其顿等。

欧洲罗姆人和旅行者论坛（The European Roma and Travellers Forum，ERTF）设立于2004年。芬兰总统塔里娅·哈洛宁（Tarja Halonen）在2001年欧洲委员会的一次演讲中提出关于此计划的设想。设立该论坛的主要目的是在欧洲层面加强对罗姆族群体的关切，推动罗姆族人参与与群体直接相关的决定与决策。2004年12月，该论坛与欧洲委员会签署了伙伴关系协议。该论坛将各国的罗姆族联合会和国际罗姆族组织的代表召集在一起，为保护族群权利、促进对族群的尊重而发声。

三 欧盟框架下罗姆族语言权利保护机制

欧盟与欧洲委员会一道致力于保护该区域内的人权，在罗姆族少数族群保护方面也起到了积极推动作用。

（一）关于罗姆族群体保护的政策

1. 《2000年议程》

1997年7月，欧盟委员会发布了有关欧盟扩大的《2000年议程》

(Agenda 2000)。在尊重少数族群方面,《2000年议程》指出：总体而言，候选国少数族群融入社会的情况是令人满意的，但在一些候选国中罗姆族的情况仍是值得关注的问题。《2000年议程》在对保加利亚、捷克、匈牙利、波兰、罗马尼亚和斯洛伐克的评估意见中指出：这些国家中的罗姆族正遭受歧视和困苦，并着重指出了每个国家存在的特殊问题。①

2. 入盟国家评估报告

从1997年开始，欧盟委员会根据"哥本哈根标准"，就每个候选国在准备入盟方面取得的进展起草评估报告。1998年11月，欧盟委员发布候选国家第一份评估报告。2000年11月，评估报告强调需要改善保加利亚、捷克、匈牙利、罗马尼亚和斯洛伐克国内的罗姆族群的社会地位，改变其生活困窘的境遇。

欧盟委员会在2001年11月的《扩大战略文件》（Enlargement Strategy Paper）中得出结论："在所有罗姆族人社区规模较大的国家中，现已制定了应对仍然普遍存在的针对罗姆族群的歧视及改善罗姆族群极为困难的生活条件的项目。"②

1998年3月，欧盟委员会与中东欧十个候选国家建立了旨在帮助候选国进行充分准备以达到成员国资格标准的"入盟伙伴关系"（Accession Partnerships）。1998年，欧盟在与保加利亚、捷克、匈牙利和罗马尼亚的"入盟伙伴关系"中强调："将使罗姆人进一步融入社会成为中期政治优先事项，同时鼓励斯洛伐克将制定加强保护少数族群权利的政策并设置相关机构作为中期政治优先事项。"1999年12月和2001年12月，欧盟委员会分别对"入盟伙伴关系"进行了修订。修订后的2001年"入盟伙伴关系"将保加利亚、捷克、匈牙利、罗马尼亚和斯洛伐克的罗姆族境遇

---

① European Union Support for Roma Communities in Central and Eastern Europe, http://europa.eu.int/comm/enlargement/, 最后访问时间：2018年1月2日。

② European Union Support for Roma Communities in Central and Eastern Europe, http://europa.eu.int/comm/enlargement/, 最后访问时间：2018年1月2日。

改善列入国家行动或框架计划实施的政治优先事项。①

3. 罗姆人融合十年计划（2005~2015）

罗姆人融合十年计划（2005~2015）（Decade of Roma Inclusion 2005-2015）在开放社会研究所（Open Society Institute）、世界银行、欧盟等的支持下筹备完成。中欧和东南欧的部分国家分别于2005年、2008年、2009年加入罗姆族融合十年计划。该计划致力于改善罗姆族的社会经济条件和地位，以改变罗姆族遭受歧视的状况。该计划重点放在教育、就业、住房、消除贫困以及消除基于种族和性别的歧视。目前有12个国家加入了罗姆人融合十年计划，分别是阿尔巴尼亚、波黑、保加利亚、克罗地亚、捷克、匈牙利、黑山、罗马尼亚、塞尔维亚、斯洛伐克、西班牙和北马其顿。②

（二）关于罗姆族群体保护的机构

欧盟委员会内部不同总司（Directorates General or DGs）各自负责不同的管理项目，罗姆族问题在以下总司得到了一定的关注。

1. 欧盟扩大总司（欧盟扩大总务办公室）（DG Enlargement）

"法尔计划"（Phare Programme）③ 是欧盟支持和保护候选国家中罗

---

① European Union Support for Roma Communities in Central and Eastern Europe, http://europa. eu. int/comm/enlargement/，最后访问时间：2018年1月2日。
② 杨友孙：《中东欧九国"2005—2015罗姆人融合十年倡议"的初期实施及其得失》，《世界民族》2008年第5期，第22~29页。
③ 20世纪80年代末，柏林墙倒塌，东欧国家政局剧变，经济形势严峻。欧共体迅速推出"法尔计划"（Pologne Hongrie: Assistance à la Reconstruction des Economies，简写为Phare）。1989年7月七国首脑巴黎会议决定，欧共体委员会24个成员国参加该援助行动。至1996年3月，受惠国已由波兰、匈牙利扩大至欧盟的十个中东欧联系国。"法尔计划"规定了享受援助的政治、经济条件、包括尊重人权、建立多党制等。1997年1月20日，欧盟决定对该计划进行改革，帮助受惠国更快、更有效地加入欧盟，援助中东欧国家，帮助其向市场经济转型。从20世纪90年代初开始，欧共体/欧盟与中东欧国家分别签署"联系国协定"，取代了原有的"东西欧贸易和合作协定"。1993年6月，欧共体确定了"哥本哈根标准"，准备接纳达标的中东欧"联系国"为其成员国。此后，原经互会成员匈牙利、波兰、斯洛伐克、罗马尼亚、保加利亚、捷克相继向欧盟提出加入申请。"法尔计划"实施的前几年集中支持经济上的转轨进程和民族改革。随着改革进程的推进，该计划的任务扩展到促进长期的经济发展和投资。为响应1997年卢森堡欧洲委员会启动的扩大程序，"法尔计划"关注各国入盟前的优先事项。

姆族群体权利的主要计划之一。欧盟与各成员国的罗姆族社区或团体合作,制定改善罗姆族境遇的计划,教育领域、反歧视活动、反种族主义活动中一些项目向中东欧的罗姆族群体开放。① 目前,这项工作主要通过欧盟扩大总司完成。自1989年以来,"法尔计划"已支持多个改善罗姆族人生活条件的子项目。

"法尔计划"鼓励候选国家为罗姆族群体提供支持,并邀请非政府组织的参与。保加利亚、捷克、匈牙利、罗马尼亚和斯洛伐克已将"法尔计划"的部分预算用于资助罗姆族在文化、教育、媒体、法律和人权领域的项目。

2. 欧盟对外关系总司

欧洲民主与人权倡议(The European Initiative of Democracy and Human Rights)由欧盟对外关系总司(DG External Relations)管理,主要支持与世界各地的非政府组织和国际组织合作开展的人权和民主化活动。1999年、2000年有关中东欧国家罗姆族的六个项目受到了该倡议的资助。

3. 欧盟教育与文化总司

欧盟教育与文化总司(DG Education and Culture)负责管理欧盟成员国与候选国在教育、培训和青年领域的合作计划。苏格拉底计划和青年计划均涵盖有关罗姆族群体的项目。

(1)苏格拉底计划

苏格拉底计划(The Socrates Programme)是欧盟设计的综合教育计划,其内容涵盖了从幼儿到成人所有年龄段的教育,执行期限为1995~2006年,分两个阶段实施。

苏格拉底计划第一期方案(1995~1999年),所有中东欧候选国都参加了该方案,其中一项行动为跨文化教育,为满足移民工人以及罗姆族人的教育需求而专门设计。

---

① European Union Support for Roma Communities in Central and Eastern Europe, http://europa.eu.int/comm/enlargement/,最后访问时间:2018年1月2日。

促进教育的跨文化交流是苏格拉底计划第二期方案（2000~2006年）的总体目标之一，包括中东欧所有候选国的30个欧洲国家参与其中。在苏格拉底计划的"夸美纽斯"行动中，罗姆族儿童教育学校和学前教育项目是优先事项。1996~2001年共有91个项目得到资助。

（2）青年计划

青年计划（The Youth Programme）支持青年交流、跨国志愿服务，促进青年者融入社会。具体措施如下：建立适当的欧洲罗姆族青年组织、加强罗姆族协会在欧洲层面的互动、组织第一届欧洲罗姆族青年大会、建立第一个欧洲罗姆族青年组织平台（Euroternet）。

欧盟委员会与来自欧洲各地的罗姆族青年领袖保持着经常性对话，青年领袖为改善罗姆族的社交生活所做的努力得到了委员会的极大支持。在过去几年中，青年计划为多个罗姆族群体项目提供了资金。

4. 欧盟就业与社会事务总司

1997年、1998年欧盟委员会通过就业与社会事务总司（DG Employment & Social Affairs）资助针对罗姆族的国家和地方的多个项目。

5. 欧洲种族主义和仇外心理监测中心

在欧洲反对种族主义年（1997年），欧盟设立了总部在维也纳的欧洲种族主义和仇外心理监测中心（The European Monitoring Centre on Racism and Xenophobia）。该中心的主要目的是向欧盟及其成员国提供有关种族主义、仇外心理和反犹太主义的事实及对比类的信息，并为欧盟机构和成员国起草相关内容的提案。自2001年以来，该监测中心与欧洲委员会、欧安组织一道在15个国家（其中包括欧盟成员国、候选国等）开展了有关罗姆族妇女医疗保障等的项目。

小　结

本章主要通过总结欧洲地区少数族群权利保护的机制，来探究少数族群语言权利实践的特点与现状。

首先，从少数族群权利保护的历史沿革看，欧洲委员会对少数族群权利的保护首先经历了"模糊期"，直到《框架公约》和《语言宪章》出台后才正式进入"明晰期"。欧盟出台的"哥本哈根标准"在保护少数族群方面有极大的促进作用，但仍十分谨慎。欧盟东扩完成后，具有重要意义的《里斯本条约》仍未涵盖少数族群保护方面的条款，欧盟框架下的少数族群保护仍处在"渐明期"。

其次，从少数族群权利的保障机制上看，《框架公约》和《语言宪章》的颁布，各成员国的积极响应，以及翔实的入盟评估报告无疑说明欧洲委员会和欧盟的"良苦用心"和坚持不懈，尤其是对无母国的罗姆族全面的保护充分体现了这一点。

再次，欧洲委员会在保护少数族群权益上做出了大胆的"尝试"，也取得了一系列成效，但在少数族群语言权利保障方面尚存在不少问题。《语言宪章》近十年的签署工作推进缓慢，国家报告推迟提交情况仍比较严重。为了更好地解决以上问题，欧洲委员会对《语言宪章》的运行机制进行了大刀阔斧的改革：将报告周期延长至五年，并引入中期报告来调整《语言宪章》的监测周期；修改评估报告的发布系统，从而使专家委员会的调查报告得以迅速传播。这些改革措施使专家委员会评估更清晰、更透明，促使改革后《语言宪章》运行机制、监督机制更有效的运行。[①] 欧洲委员会改革的决心是坚定的，但改革的效果还需要时间来检验。

最后，欧盟域内语言权利保障仍然面临着诸多挑战。欧盟内部官方语言的重要性呈"金字塔"形，成员国官方语言及少数族群语言"名义上"的平等都是欧盟语言问题的现实。欧盟成员国国内少数族群众多，具体情况十分复杂，加之少数族群保护问题属于国家内政，欧盟作为超国家组织可以采取的措施十分有限。德国著名法学家马迪亚斯·赫

---

① 20th Anniversary of the European Charter for Regional or Minority Languages，https://www.coe.int/web/european-charter-regional-or-minority-languages/20th-anniversary，最后访问时间：2019年3月1日。

蒂根认为,"随着欧洲各大共同体机构特征的超国家性不断增强,它们也有了自己越来越独立的根基:通过国家主权让渡(用共同体权利来代替成员国权利),各大共同体各机构在更高的级别上越来越独立地形成自己的意志",但他同时也认为,"共同体法律规范作为一个整体,仍然离国家或类似于国家的某种实体的法律规范还有一定的距离"。①

---

① 〔德〕马迪亚斯·赫蒂根:《欧洲法》,张恩民译,法律出版社,2003,第62~63页。

第三章 拉脱维亚少数族群语言权利保障

第一节 拉脱维亚的总体语言情况

一 国家概况

拉脱维亚全称拉脱维亚共和国,原为苏维埃社会主义共和国联盟的加盟共和国之一。拉脱维亚地处欧洲东北部,波罗的海东岸,同爱沙尼亚、俄罗斯、白俄罗斯和立陶宛接壤,与瑞典隔海相望。拉脱维亚、爱沙尼亚和立陶宛共同被称作波罗的海三国。

18世纪拉脱维亚被沙皇俄国占领。第一次世界大战结束后,拉脱维亚于1918年获得独立,建立拉脱维亚共和国。1939年9月,第二次世界大战开始时,拉脱维亚的命运已经由《苏德互不侵犯条约》附有的秘密议定书所决定。1940年6月,苏维埃政府取代拉脱维亚政府。同年7月21日,拉脱维亚苏维埃社会主义共和国成立。1980年,苏联开始进行政治改革,这也促进了拉脱维亚独立运动的发展。1990年5月4日,拉脱维亚最高苏维埃通过了关于恢复拉脱维亚独立的宣言,并决定将国名定为拉脱维亚共和国。1991年8月22日,拉脱维亚共和国恢复独立。1991年9月17日拉脱维亚加入联合国。[①] 自恢复独立以后,

---

① 李兴汉编著《列国志·波罗的海三国》,社会科学文献出版社,2010,第23~60页。

拉脱维亚积极建立与西方各国的关系，并于 2004 年加入欧盟和北约。截至 2023 年初，拉脱维亚的总人口为 188.3 万人。①

二　国家语言社区概况

（一）官方语言概况

拉脱维亚的官方语言是拉脱维亚语。拉脱维亚语属印欧语系波罗的语族东支，是该语族仅存的两种语言之一（另一种为立陶宛语）。拉脱维亚加入欧盟后，拉脱维亚语成为欧盟 24 种官方语言之一。在拉脱维亚，91% 的居民将拉脱维亚语作为交际语言。

拉脱维亚的本土语言包含拉脱维亚语和已经消失的立沃尼亚语，两种语言均属于印欧语系的波罗的语族。大部分拉脱维亚语的使用者居住在拉脱维亚境内。以使用人数作为标准，拉脱维亚语在全球范围内属于少数族群语言。拉脱维亚历史上屡遭侵占，曾被波兰、沙皇俄国、德国占领，这些国家都对拉脱维亚的语言发展产生了重要的影响。不同的历史时期，拉脱维亚境内出现了多种语言与拉脱维亚语地位等同的局面。

（二）官方语言的地位规划

在很长的历史时期内，拉脱维亚境内存在多语并存的现象，拉脱维亚语的地位或适用范围的优势并不突出，属于"名义上"的国语。直到 20 世纪 90 年代，拉脱维亚语才正式成为"事实上"的国语。1989 年，拉脱维亚苏维埃社会主义共和国最高委员会承认拉脱维亚语是拉脱维亚苏维埃社会主义共和国的官方语言。1989 年 5 月 5 日，拉脱维亚颁布了《拉脱维亚苏维埃共和国语言法》，规定拉脱维亚语为本国国语。该法认为，拉脱维亚语是拉脱维亚民族及其文化存在和发展的先决条件之一。最近数十年拉脱维亚语在国家和社会生活中的

---

① 拉脱维亚统计局网站，https://www.csb.gov.lv/en，最后访问时间：2023 年 8 月 2 日。

使用明显地减少了。这要求以法律的形式确定特殊的措施以保护拉脱维亚语。这样的保护只有国语地位可以保障。1989年6月14日，拉脱维亚部长委员会主席团通过了《保障拉脱维亚语在国家、社会、文化和其他生活领域发挥职能的纲要（1989~1992）》。拉脱维亚的选举法规定，国家领导候选人必须具有最高级别国语能力证书。1991年10月18日通过的《拉脱维亚共和国公民权利的恢复》规定，不仅公职人员，所有想成为独立的拉脱维亚国家公民的人，都要把拉脱维亚语作为国语掌握。① 1993年7月，拉脱维亚议会通过关于恢复1922年宪法的决议，其中明确了拉脱维亚语的国语地位。2009年4月8日修订的《拉脱维亚共和国宪法》第一章"总则"第4条规定"拉脱维亚共和国官方语言是拉脱维亚语"，第101条强调"地方政府的办公语言是拉脱维亚语"。②

三 少数族群语言的地位规划

（一）少数族群语言概况

周庆生根据语言状况将国家大致分为三类。第一类为同质社会国家，亦可称为同质语言国家。该类国家绝大多数人口使用同一种语言。第二类是二分或三分国家——民族语言群体有两三种，人口数量相对均衡，语言地位功能大致相当。第三类为多民族国家或称马赛克社会。国内居住的民族种类繁多，各民族人口数量均未达到全国总人口的一半以上，各民族均为少数民族。③ 根据这种较为笼统的分类，拉脱维亚是一个介于第二类及第三类间的国家。

拉脱维亚是一个多民族、多语言的国家，拉脱维亚族是该国的主要

---

① 何俊芳、周庆生编著《语言冲突研究》，中央民族大学出版社，2010，第128页。
② 朱福惠、邵自红主编《世界各国宪法文本汇编（欧洲卷）》，厦门大学出版社，2013，第298~303页。
③ T. Gurr, *Ethnic Conflict Around the World*, Boulder, CO: Westview, 1994；周庆生：《国家民族构成与语言政策问题》，《语言政策与规划研究》2014年第2期，第1~12页。

民族。① 据 2024 年拉脱维亚统计局的数据，主体民族拉脱维亚族占总人口的 62.6%，其他少数民族群体中俄罗斯族占 23.3%，白俄罗斯族占 2.9%，乌克兰族占 3.2%，罗姆族占 0.3%（见表 3-1）。拉脱维亚在批准《框架公约》时，将"少数民族"（national minorities）界定为在文化、宗教或语言上与拉脱维亚族不同的拉脱维亚公民，且传统上几代均居住在拉脱维亚境内，认定自己属于拉脱维亚，并希望保护和发展本群体的宗教、文化和语言的群体。

表 3-1 拉脱维亚人口普查各民族占总人口的比例

单位：%

民族	1935年	1959年	1970年	1979年	1989年	2000年	2014年	2024年
拉脱维亚族	75.5	62.0	56.8	53.7	52.0	57.7	61.6	62.6
俄罗斯族	10.6	26.6	29.8	32.8	34.0	29.6	25.8	23.3
白俄罗斯族	1.4	2.9	4	4.5	4.5	4.1	3.4	2.9
乌克兰族	0.1	1.4	2.3	2.7	3.5	2.7	2.3	3.2
波兰族	2.5	2.9	2.7	2.5	2.3	2.5	2.1	1.9
立陶宛族	1.2	1.6	1.7	1.5	1.3	1.4	1.3	1.1
犹太人	4.8	1.8	1.6	1.1	0.9	0.5	0.3	0.2
罗姆族	0.2	0.2	0.2	0.3	0.3	0.3	0.3	0.3
爱沙尼亚族	0.4	0.2	0.2	0.2	0.1	0.1	0.1	0.1
其他	3.4	0.5	0.8	0.8	1.2	1.2	2.8	4.4

资料来源：拉脱维亚统计局网站。

（二）少数族群语言权利保障的基本框架

1. 国际或地区少数族群权利框架下的基本保障

拉脱维亚少数族群语言权利保障基本框架的建立要依托于人权保障机制的建立，而人权保障机制的建立主要是通过国家签署一系列人权公约来实现。

---

① 拉脱维亚语言情况调查，http://lv.mofcom.gov.cn/article/ztdy/200508/20050800255398.shtml，最后访问时间：2019 年 11 月 15 日。

一是加入重要的国际人权公约。拉脱维亚批准和签署了1950年《欧洲保护人权与基本自由公约》、1961年《欧洲社会宪章》、1979年《消除一切形式种族歧视国际公约》等公约和宪章。

二是加入少数族群保护公约。欧盟与欧洲委员会在保护区域内少数族群方面保持着良好的合作，因此欧盟一直督促候选国签署及批准《框架公约》。拉脱维亚早于1995年便签署了《框架公约》，但议会分别于2000年5月和2001年3月以《框架公约》中某些条款与拉脱维亚立法不一致，否决了批准《框架公约》的提议。直到2005年，拉脱维亚才批准该公约。拉脱维亚分别于2006年、2012年、2016年、2021年提交了国家报告（见表3-2）。目前，《框架公约》拉脱维亚第三轮监督程序已经完成。拉脱维亚"自信地"在国家报告中对本国在保护少数族群权利和维护群体间和谐等方面给了了充分的肯定："拉脱维亚是一个民主国家，在过去的几个世纪，在发展多种族社会以及维持和促进种族间宽容等方面可作为其他国家的榜样。"[①]拉脱维亚至今未签署《语言宪章》。

表3-2　拉脱维亚《框架公约》监督周期

周期	国家报告应提交日期	国家报告实际提交日期	咨询委员会代表实地考察日期	咨询委员会建议公布日期	国家政府对咨询委员会建议的评论	决议日期
1	2006年10月1日	2006年10月1日	2008年6月9~13日	2011年3月30日	2009年5月18日	2011年3月30日
2	2011年10月1日	2012年9月3日	2013年3月25~28日	2014年1月3日	2014年1月3日	2014年7月9日
3	2016年10月1日	2016年12月6日	2017年11月20~24日	2018年10月15日	2018年9月21日	2021年3月3日
4	2021年10月1日	2021年10月27日	2023年2月27日~3月3日	未进行	未进行	未进行

资料来源：欧洲委员会网站。

---

① Second Report Submitted by Latvia Pursuant to Article 25 Paragraph 2 of the Framework Convention for the Protection of National Minorities, p.7, https://www.coe.int/en/web/minorities/latvia，最后访问时间：2019年11月15日。

三是制定符合欧盟标准的少数族群保护框架。中东欧国家入盟进程中，欧盟以"哥本哈根标准"和"定期评估报告"作为两个制度性工具，建构和形塑中东欧入盟申请国的少数族群保护政策。拉脱维亚在入盟准备阶段，根据"哥本哈根标准"对国内少数族群政策和权利保障进行了制度建设和调整。

2. 国内法律框架下的基本保障

一是建立保护人权的基本框架。《拉脱维亚共和国宪法》规定：拉脱维亚是一个独立的民主国家，立国之本是尊重个人和公民的权利和自由。

二是建立保护少数族群权利的基本框架。目前，拉脱维亚少数族群语言权利保护机制基于宪法规定的所有公民普遍拥有的发展本族群语言和文化的权利，辅之以其他领域的法律规定。2009年4月8日修订的《拉脱维亚共和国宪法》第114条规定"少数民族有权保护和发展本民族的语言、种族及文化认同"[1]。此外，1992年的《语言法》强调国家对所有语言保持尊重的态度，确保少数族群与拉脱维亚社会的融合，维护少数族群使用本族群语言或其他语言的权利。此外，1998年的《教育法》中也提到可以为少数族群提供族群语言相关教育。《语言法》明确"本法不适用于拉脱维亚居民的非正式交流及民族和族裔群体的内部交流服务中的语言使用"[2]。《教育法》第9节规定：在国家和地方政府教育机构中，除使用国语外，也可以使用其他语言。在私人教育机构中，少数族群可以族群语言获得教育。

三是设立保护人权的相关机构。拉脱维亚于1995年建立的国家人权办公室是一个独立机构，主要负责根据人权的相关决议制定国内人权保护的各项措施。2000年3月，欧盟出台了帮助少数族群融入主

---

[1] 朱福惠、邵自红主编《世界各国宪法文本汇编（欧洲卷）》，厦门大学出版社，2013，第298~303页。

[2] 拉脱维亚语言法，Education Law Latvijas Vēstnesis 343/344。

体社会的"里斯本战略"。为响应此倡议,拉脱维亚政府推出了"2001~2006年拉脱维亚社会融合国家项目",要求以促进国家认同为基础,加速少数族群的社会融合,创造一个民主的、稳固的社会。

第二节 拉脱维亚族语言权利保障的规划机制

自1918年拉脱维亚独立以来,拉脱维亚境内的民族组成长期处在巨大的变化之中,呈现显著的民族异质化。在此过程,主体民族和少数族群的地位以及各自拥有的资源都呈现出此消彼长的态势。恢复独立后拉脱维亚俄罗斯族占比仍较高,俄语使用范围仍较广,当局对于国语地位的确立和国家认同的建构愈发重视,采取多步走的方式,通过在官方行政管理各层面推行国语,加强国语的地位。

一 法律地位——从衰落到重塑

恢复独立后,拉脱维亚当局通过宪法的重新恢复、语言法的逐步修订,在宏观语言环境中确立拉脱维亚语的国语地位,体现了国语从衰落到重塑的艰难过程。

(一)苏联时期主体民族语言的地位衰落

20世纪初,拉脱维亚长期处在周边强国统治之下。拉脱维亚语虽保有一席之地,但在宏观和中观语言生活中的使用均未达到普及程度。1920年资产阶级掌握政权后,拉脱维亚语被确定为官方语言。[1]苏联时

---

[1] 中国社会科学院民族研究所"少数民族语言政策比较研究"课题组、国家语言文字工作委员会政策法规室编《国家、民族与语言——语言政策国别研究》,语文出版社,2003,第5页。

期，拉脱维亚语地位的衰落主要体现在以下几个方面。其一，拉脱维亚族人口占总人口比例的下降。从1935年到1989年，拉脱维亚族占拉脱维亚总人口的比例从75.5%下降到52%，拉脱维亚族的人口总数变化浮动不大，俄罗斯族的人口数量却增加了3倍多（见表3-3）。该时期，大量的俄罗斯族从其他共和国移入拉脱维亚定居，将俄语作为主要交际语的其他少数族群如白俄罗斯族、乌克兰族等人口数量也有明显增多。其二，苏联时期的官方语言政策是不对称的双语制（asymmetric bilingualism）（共和国官方语言和在行政机关、学校、政治领域和文化领域使用的俄语）。在双语制的推行下，各共和国主体民族转为双语使用者，而大部分俄罗斯族依旧是单语使用者，甚至有些主体民族语言被排挤出部分学校的基础教育课程。加之"苏联化"政策的影响，俄语逐步替代拉脱维亚语成为国家内部最重要的通用语以及国家对外沟通的主要语言。该时期，尽管拉脱维亚语被宣称是共和国国语，但事实上的"官方语言"已然是俄语。[①]多语言生态环境中，从其他共和国移入的族群坚持使用俄语作为交际语言，部分拉脱维亚族人成为拉脱维亚语和俄语的双语使用者。语言转用体现了心理、社会和文化因素对于语言使用者语言习得的影响。

表3-3 拉脱维亚人口普查各民族人口数据

单位：人

民族	1935年	1959年	1970年	1979年	1989年	2000年	2011年	2014年
拉脱维亚族	1472612	1297881	1341805	1344105	1387757	1370703	1229067	1171070
俄罗斯族	206499	556448	704599	821464	905515	703243	520136	437587
白俄罗斯族	26867	61587	94898	111505	119702	97150	68695	54645
乌克兰族	1844	29440	53461	66703	92101	63644	45282	59597
波兰族	48949	59774	63045	62690	60416	59505	43365	34782

---

① G. Hogan-Brun, "At the Interface of Language Ideology and Practice: The Public Discourse Surrounding the 2004 Education Reform in Latvia", *Language Policy*, Vol. 5, No. 3, 2006, pp. 315-335.

续表

民族	1935 年	1959 年	1970 年	1979 年	1989 年	2000 年	2011 年	2014 年
立陶宛族	22913	32383	40589	37818	34630	33430	25025	20155
犹太人	93479	36592	36680	28331	22897	10385	5402	4019

资料来源：拉脱维亚统计局网站。

（二）恢复独立后主体民族语言的地位重塑

20世纪80年代末，在意识形态、文化、语言等方面脱离苏联控制的欲望在拉脱维亚慢慢凸显。1988年到1991年，拉脱维亚在争取独立的同时，也在争取拉脱维亚语"真正"的国语地位。

首先，主体民族语言的联邦认可。1990年4月24日，苏联政府颁布《苏维埃社会主义共和国联盟民族语言法》，其中规定"各加盟共和国和自治共和国有权确立共和国的语言法律地位，包括确定它们为国语的权利。苏联公民拥有自由选择学习何种语言的权利"[①]。

其次，语言法对于拉脱维亚语的精准扶植。拉脱维亚通过《语言法》的制定和修改来实现国语地位确立的多步走规划。这一阶段的特点是提高拉脱维亚语的地位，维持俄语的特殊地位。1989年，拉脱维亚议会颁布《语言法》，规定拉脱维亚语是官方语言，各阶段的在校学生在毕业前必须通过拉脱维亚语考试（第13条）。为了进一步健全拉脱维亚语作为国语的法律法规体系，1995年11月新的语言法草案被提交到拉脱维亚议会。1999年12月，修订版语言法终获通过。该法律的出台经历了一波三折。1998年，因草案第7条要求拉脱维亚议会、所有企业（公司）、机构、民间组织的会议等须使用国语的修订被认为含有歧视性内容未获得通过。[②] 欧安组织、欧洲委员会和欧盟委员会在1999年上半年也多次表达了对草案具有与国际和共同体标准不相容可能性的关注。拉脱维亚总

[①] 周朝虹：《当代俄罗斯语言政策研究（1991—2015）》，博士学位论文，北京外国语大学，2016。

[②] Official Language Law，https://www.refworld.org/docid/3ae6b4f11c.html，最后访问时间：2019年11月15日。

统于1999年7月决定请议会委员会重新审议已经通过的语言法。[①] 同年12月修订版语言法获得最终批准。[②]

修订后的语言法名为《官方语言法》（Official Language Law），共包含26条，说明了该法律制定的目的，明确了在行政、教育、司法等领域拉脱维亚语作为国家官方语言的地位，也明确了其他所有语言作为外语的地位。该法律中多项条款规定了外语的特殊适用以及提供相对应国语版本的必要性，例如，个人提交的外文文件或文档需附上国语翻译件，以外语起草的合同需附上其国语翻译件等。[③] 拉脱维亚语言法的逐步修订意味着俄语曾拥有的特权被"剥夺"了。

尽管语言法改革过程一波三折，但欧盟委员会在2002年拉脱维亚入盟评估报告中对此次事件的评论非常委婉："拉脱维亚语言法（1999年）规定和实施条例基本上符合拉脱维亚的国际义务和欧洲协定。语言法本身或实施条例均未包含明显与拉脱维亚在欧洲协定下承担的义务不符的规定。但是，某些规定的措辞可能引起不同的解释。"[④]

二 教育领域——拉脱维亚语使用范围逐步扩大

拉脱维亚当局通过逐步修订教育法在教育领域开展了与语言法步调一致的改革。拉脱维亚当局深知健全的教育法律法规体系有利于拉脱维亚语国语地位的事实确立。因此，为了改变半个世纪形成的俄语"内

---

① 1999 Regular Report from the Commission on Latvia's Progress towards Accession, p. 18, https://www.mfa.gov.lv/en/policy/european-union/history/latvia-and-the-eu-chronology-of-relations#1995，最后访问时间：2019年10月1日。

② 这项修改涉及私营经济领域。"对语言运用的限制性规定必须符合公共合法权益与私人机构、组织、公司（或企业）的权益。"（第2节第2条）。转引自 V. Poleshchuk, Estonia Latvia and the European Commission: Changes in Language Regulation 1999-2001。

③ Official Language Law, https://likumi.lv/ta/en/en/id/14740-official-language-law，最后访问时间：2023年8月2日。

④ 2002 Regular Report from the Commission on Latvia's Progress towards Accession, p. 32, https://www.mfa.gov.lv/en/policy/european-union/history/latvia-and-the-eu-chronology-of-relations#1995，最后访问时间：2019年10月1日。

隐"国语的现实,拉脱维亚进行了长达30年的教育体制改革。

第一,教育法改革的起步阶段。拉脱维亚恢复独立后便确立了在教育领域强化国语教学的方向。如在1991年的《教育法》中,要求所有教育领域的工作者要掌握拉脱维亚语。此时,拉脱维亚当局开始进行教育体制方面的改革,但因阻力较大,直到1995年修订版《教育法》出台后才正式开启改革的步伐。该时期,拉脱维亚教育系统仍存在国语学校与少数民族学校双轨并行的局面,因此改革的主要目的是扩大国语在全教育阶段的使用范围。修订版《教育法》规定每位受教育者须学习国语,参加相对应级别的国语考试,考试的内容以及方式以教育与科学部制定的相关要求为准。

第二,教育法改革的迂回阶段。经过几年的实践和探索,拉脱维亚当局于1998年出台了改革力度较大的新《教育法》。新《教育法》采取了从上到下、从高等教育阶段到基础教育阶段逐步改革的方式:从1999年开始,公立大学(除特殊情况以外)必须使用拉脱维亚语作为教学语言;从2004年开始,公立高中10~12年级必须使用拉脱维亚语作为教学语言。此次教育法的改革与语言法的改革一样,均遭到了少数族群尤其是俄罗斯族的强烈反对。拉脱维亚当局迫于国内和国外的舆论压力,于2004年2月5日制定《教育法》过渡性条款:从2004~2005学年起,公立普通高中10年级以上的课程使用拉脱维亚语授课的课时量不得少于总教学量(包括外语)的3/5;10~12年级以拉脱维亚语授课的科目数量逐渐增加;自2007年起,所有国家级考试笔试语言均是拉脱维亚语。修订教育法一直是教育领域改革实践的重要举措。拉脱维亚当局在教育法改革的迂回阶段进一步推动国语使用。

第三,教育法改革的强化阶段。目前,拉脱维亚教育体系改革已从"起步期"的探索阶段进入了"激进"的改革期。

2018年拉脱维亚当局加快了教育体制改革的步伐,对教育法进行了三次调整。第一次为2018年3月版修正案。这次修订首次对小学1~6年级的教学用语进行限定:从无任何限制到至少50%的课程须使用国语进行教学，初中 7~9 年级和高中 10~12 年级两个阶段中国语的使用比例均大幅度提高，修订的条款适用于公立学校以及私立学校；要求少数民族学校尽快制定新的教学方案；明确了允许使用其他语言（主要是欧盟其他官方语言）进行授课的特殊情况（见表3-4）。

表3-4 2018年教育法改革方案

教育阶段	截至2018年初的规定	2018年的修订内容	计划执行时间
1~6年级	没有强制性的语言使用比例	至少50%的课程使用拉脱维亚语（欧盟官方语言除外）	2019~2020学年
7~9年级	公立学校至少60%的课程使用拉脱维亚语（除特殊情况外）	至少80%的课程使用拉脱维亚语（欧盟官方语言除外）	2019~2021学年
10~12年级	公立学校至少60%的课程使用拉脱维亚语	教学语言是拉脱维亚语，欧盟官方语言和民族文化课程除外	2020~2021学年

资料来源：根据修正案自制表格。

第二次是2018年10月版修正案。此次修正案主要强调了在特殊教育领域对于拉脱维亚手语使用的强制要求。

第三次为2019年3月版修正案。此次修正案进一步规定了国语在境外学历、学位证书认定时的使用等。拉脱维亚教育法改革强化阶段的工作重点是实现拉脱维亚语在教育领域的全覆盖。《教育法》的语言条款修改共涉及11个章节的内容，而其中"教学语言"部分和第41章"少数民族教学规划"部分调整的条目较多。[1]

在历时30年的教育语言改革中，拉脱维亚的执政当局和保护少数族群权利的一些党派持有完全对立的观点。一方认为，改革的进程缓慢，应加快各项法律规定的实施和落地。另一方认为，强制进行的改革并没有充分考虑到各个群体的意志和想法，很容易引起部分群体激烈的反应。事实上，因教育部门、学生、立法者以及相关机构之间尚未建立良性的、有效的沟通和对话机制，群体大多会以游行、抗议等方式表达

---

[1] 国家语言文字工作委员会组编《世界语言生活状况报告2020》，商务印书馆，2020，第16~21页。

对教育改革问题的不满。

虽然这次改革激起了少数族群民众的强烈反对，联合国相关专家也表示强烈谴责，但当局并未有缓和改革的迹象。拉脱维亚当局在教育领域的改革仍在继续。

三 行政领域——拉脱维亚语全面铺开

拉脱维亚当局通过入籍规划程序中国语能力的考察以及其他行政领域国语使用的规定来全面实现主体民族的语言权利。

第一，入籍程序中拉脱维亚语的捆绑规定。拉脱维亚恢复独立后，并没有直接给予居民公民身份，而是采取了较为严苛的居民入籍政策。拉脱维亚规定在1940年以前获得公民身份者以及后裔（不考虑其民族背景）自动获得公民身份，其他的居民须通过一系列法定的程序申请国籍，且需符合年龄和出生地相关要求。该政策下，大约有30%的拉脱维亚人必须通过入籍程序才能获得公民身份，而其中绝大部分为俄罗斯族。没有自动获得公民身份的几十万俄罗斯族居民成为没有选举权，不能在私有化、企业股份化等方面享有优先权的"非公民"。入籍政策中，最富争议的是对于拉脱维亚语读写能力的考察、宣誓效忠国家的规定以及苏联时期移入拉脱维亚的居民不可以具有双重国籍的规定。虽然入籍政策引起国内广大俄罗斯族的不满，但拉脱维亚当局仍坚持推行该政策。

1991年10月拉脱维亚最高理事会（临时议会）通过了《关于恢复拉脱维亚公民权利和入籍基本原则的决议》。该决议要求拉脱维亚的公民须具备以下基本条件：在拉脱维亚至少居住16年、掌握拉脱维亚语、了解拉脱维亚的历史、宣誓效忠拉脱维亚共和国。

为进一步细化入籍政策，1994年拉脱维亚的《公民法》修正案提出了分时间段申请的"窗口制度"：如申请人出生在拉脱维亚且未满20岁者，从1996年起有资格申请入籍；如申请人非拉脱维亚本土出生，从 2003 年起才有资格申请入籍。对申请人的年龄限制的政策直到 2003 年才有所松动。政策同时要求所有申请人必须通过国语能力测试，才能成为拉脱维亚公民。① "窗口制度" 的出台不仅引起了国内非公民的强烈反对，区域组织和国际社会也表达了异议。面对巨大的争议，拉脱维亚政府于 1995 年通过《无拉脱维亚或他国国籍的原苏联公民地位法》。该法律对入籍要求做出了让步，规定原居住在该国的所有苏联公民可以获得与拉脱维亚族公民同等的经济权利，但并未提及政治权利。②

拉脱维亚在欧盟委员会强烈的要求下于 1998 年 4 月 15 做出了加快非公民入籍程序的重要决定。1998 年 6 月拉脱维亚议会批准取消 "窗口制度" 的提议。修改后的政策认定出生时无国籍儿童可以自动获得公民身份，同时简化 65 岁以上人群的入籍程序。③ 拉脱维亚当局强调入籍政策的目标不是限制公民数量，但根据拉脱维亚公民和移民事务局人口登记处的数据，截至 2016 年 7 月，561854 名俄罗斯族人中有 352863 名拉脱维亚公民，162102 名无公民身份的非公民。2006 年 8 月的数据显示，650429 名俄罗斯族人中有 359633 名拉脱维亚公民，268779 名非公民。10 年间，拉脱维亚境内俄罗斯族人数减少了约 10 万名非公民，俄罗斯族公民只增长了约 7000 人。拉脱维亚的俄罗斯族入籍速度仍很缓慢。④

各主权国家视国情制定与公民资格和入籍条件相关的政策或程序。拉脱维亚当局认为较其他国家的入籍条件，拉脱维亚的要求并不算严苛。

---

① 1998 Regular Report from the Commission on Latvia's Progress towards Accession, p. 11, https://www.mfa.gov.lv/en/policy/european-union/history/latvia-and-the-eu-chronology-of-relations#1995，最后访问时间：2019 年 10 月 1 日。

② Aleksejs Dimitrovs, "Equality Law in Latvia: Current Trends and Challenges", *The Equal Rights Review*, Vol. 9, 2007, pp. 11-23.

③ 1998 Regular Report from the Commission on Latvia's Progress towards Accession, p. 11, https://www.mfa.gov.lv/en/policy/european-union/history/latvia-and-the-eu-chronology-of-relations#1995，最后访问时间：2019 年 10 月 1 日。

④ Third Report Submitted by Latvia Pursuant to Article 25 Paragraph 2 of the Framework Convention for the Protection of National Minorities, https://www.coe.int/en/web/minorities/latvia，最后访问时间：2019 年 11 月 15 日。

第二，国语的全面应用。1989年，拉脱维亚开始进行经济、政治等方面的全面改革，行政部门也是"去苏联化"重要的改革阵地。拉脱维亚当局以"公共利益"为理由采取一系列行政措施扩大中观语言环境中拉脱维亚语的使用，例如要求公共部门工作人员都应熟练掌握拉脱维亚语、公共部门以及与公共部门有密切关联的私营部门的工作语言为拉脱维亚语等。拉脱维亚政府从2006年起，细化了3500个公共部门岗位和1300个私人部门岗位工作人员国语熟练程度的具体要求。[①]

拉脱维亚国家语言中心是拉脱维亚国家语言文字监察局与拉脱维亚语言和地名专家委员会共同组成的国家语言规划执行机构，负责监督民众在正常交往中是否遵守使用拉脱维亚语的相关要求，制定各行业中关于拉脱维亚语能力要求的具体细节以及国语语言标准。2015年，拉脱维亚国家语言中心要求居民在工作场合需使用拉脱维亚语。欧洲委员会认为拉脱维亚国家语言中心的做法欠妥当，建议拉脱维亚方面对民众使用国语情况采取更加缓和的方式进行监督。但自2009年以来，拉脱维亚对于不遵守拉脱维亚语使用要求的民众的制裁数量大大增多，并且提高了最高罚款额。仅2016年上半年，139名拉脱维亚人就因违反《官方语言法》而被罚款。

四 媒体领域——拉脱维亚语使用范围逐步扩大

传媒语言发挥着重要的精神引领功能和文化导向作用。拉脱维亚当局对媒体领域语言的规范使用提出了很多强制性的要求。2009年9月1日生效的拉脱维亚《官方语言法》第16条规定媒体领域的语言使用依照《广播和电视法》（The Law on Radio and Television）的条款执行。《广播和电视法》规定电视上播放的所有电影必须翻译为拉脱维亚语或

---

① 陈凤：《波罗的海三国的俄罗斯族政策演变分析》，《当代世界与社会主义》2018年第3期，第120~127页。

配有拉脱维亚语字幕。① 在媒体监管领域，2010 年 7 月 12 日通过《电子大众媒体法》（Electronic Mass Media Law）（取代 1995 年的《广播和电视法》），该法律的主要目的是在媒体领域实现国语的广泛使用。于 2016 年生效的《电子大众传媒法》修正案限制了国外制作的广播电视节目的内容比例，要求国内制作的内容比例要达 90%。为了强制执行广播节目的内容配额制度，2014 年的《行政违法法》修正案将违反许可条款的最高罚款从 2100 欧元提高到 10000 欧元。②

第三节　俄罗斯族语言权利保障的规划机制

在苏联时期，拉脱维亚语一直"隐忍"前行。1989 年拉脱维亚议会颁布的《语言法》依然对俄语的地位以及其在官方领域的使用给予一定的"保护"。③ 1992 年修订的《语言法》才取消俄语的特殊地位，将其与其他少数族群语言一同列为外语。拉脱维亚在语言政策的制定中也体现了对少数族群文化和语言的一定的尊重和支持。尽管俄罗斯族是具有特殊性质的少数族群，但俄语学校一直保留至今。

一　俄罗斯族的语言生态

20 世纪 40 年代后期，苏联推行"苏联化"政策，有组织地从其他加盟国迁移大约 150 万人到拉脱维亚境内，其中约一半的人选择定居此

---

① 1999 Regular Report from the Commission on Latvia's Progress towards Accession, p. 18, https://www.mfa.gov.lv/en/policy/european-union/history/latvia-and-the-eu-chronology-of-relations#1995, 最后访问时间：2019 年 10 月 1 日。

② Advisory Committee on the Framework Convention for the Protection of National Minorities-Third Opinion on Latvia, p. 3, https://www.coe.int/en/web/minorities/latvia, 最后访问时间：2019 年 11 月 15 日。

③ 1998 Regular Report from the Commission on Latvia's Progress towards Accession, p. 10, https://www.mfa.gov.lv/en/policy/european-union/history/latvia-and-the-eu-chronology-of-relations#1995, 最后访问时间：2019 年 10 月 1 日。

地。俄罗斯族人口占拉脱维亚总人口比例从 1935 年的仅仅 10.6% 迅速攀升到 1959 年的 26.6%，而后占比一直维持在 25%～35%。2011 年，62.1% 的居民在家庭域中使用拉脱维亚语，37.2% 的居民在家庭域中使用俄语；将俄语作为第二语言的居民占总人口的 43.7%，将拉脱维亚语作为第二语言的居民占总人口的 20.8%。2017 年数据显示，母语是拉脱维亚语的占总人口的 61%，母语是俄语的占总人口的 36%，母语是其他少数族群语言的占 3.2%。[1]

二　法律地位——俄语从最重要的通用语过渡到真正的外语

俄罗斯族使用俄语的保障机制的变化主要以 1991 年拉脱维亚恢复独立为分割点。苏联时期，俄语作为最重要的通用语，俄罗斯族语言权利得到了充分的保障；拉脱维亚独立后，俄语逐步成为真正的外语，俄罗斯族也无身份上的特殊性。

（一）俄罗斯族语言权利的低调保障

最初，苏联选择的是低调的苏维埃化（sovietization）的道路。从立法层面，1924 年、1936 年以及 1977 年的《苏维埃社会主义共和国联盟宪法》中均没有关于俄语特殊地位的内容，只强调须遵循语言平等的原则。宪法赋予各民族使用本族群语言接受教育的权利。[2] 尽管苏联在宪法上保留了有关语言权的条款，但此后中央政府却越来越倾向于俄罗斯化，将俄语定位为联盟通用语，而后的政策变得更加激进。苏联政府推行的种种语言政策也与宪法的规定相矛盾。在各个加盟共和国内，俄语成为"事实上"的国语。

---

[1] G. Kava, V. Erntreits and S. Poeiko et al., *The Language Situation in Latvia: 2010-2015*, Riga: The Latvian Language Agency, 2018.

[2] 周朝虹：《当代俄罗斯语言政策研究（1991—2015）》，博士学位论文，北京外国语大学，2016，第 23 页。

(二) 俄罗斯族语言权利的限制保障

1989 年的拉脱维亚《语言法》第 1 条、第 11 条都强调俄语的地位以及其在官方领域的使用：俄语使用者在公共领域仍可使用俄语，国家政府部门与苏联联邦机构往来的所有信函须使用俄语，政府人员必须掌握拉脱维亚语和俄语两种语言，俄语在中等教育阶段的媒介语须得到保障。《语言法》在确立拉脱维亚语地位的同时仍然赋予俄语"特殊权利"。时隔三年，拉脱维亚于 1992 年对《语言法》进行修订以"修正"俄语的特殊地位。修订后的《语言法》将俄语拥有的"特殊权利"全部取消，并明确限定外语在公共领域、大众传媒领域的使用范围。从此，拉脱维亚宏观语言环境中，没有任何关于俄语的地位规划，俄语成为"真正意义上的"少数族群语言。

三 教育领域——俄语使用范围从全面到狭小

1991 年拉脱维亚恢复独立也是俄语在教育领域重要程度变化的分割点。苏联时期，俄语作为重要教育媒介语全面铺开；恢复独立后，俄语逐步退到少数民族学校教育媒介语的位置。

(一) 苏联时期教育领域俄语的全面铺开

苏联时期，教育领域的一系列改革促使俄语成为联邦内部最主要的教育媒介语。1938 年《关于民族共和国和民族自治州必须学习俄语的决议》指出，苏联民族共和国和民族自治州必须开展俄语教学以促进俄语作为联盟内交流语言使用。从 1958 年开始，在部分学校的小学阶段 (1~4 年级)、中学阶段 (5~8 年级)，俄语逐步取代主体民族语言作为教学媒介语。

事实上，苏联各加盟共和国的主体民族语言与文化受到了来自俄语语言及其承载的文化的影响，各加盟共和国的非俄罗斯族使用俄语的人数大大增加。从 1959 年到 1979 年 20 年间，熟练掌握俄语将俄语作为第二语言的非俄罗斯族人数增长了 1940 万人。到 1976 年共有 6120 万非俄罗斯族人将俄语当作第二语言。[1] 1979 年人口普查资料显示，苏联共有 2.147 亿人懂俄语，其中 1.372 亿人视俄语为母语。[2] 俄语只是苏联内少数加盟共和国的官方用语，却成为联盟内部的重要通用语。各加盟共和国内学习、使用和推广俄语成为一种趋势。顺应这种趋势，拉脱维亚当局建立俄语学校，同时在教育体系采取双轨制的教育模式。公立学校主要分为学制 11 年的普通学校和学制 10 年的俄语学校。俄语学校不教授拉脱维亚语，而普通学校必须学习俄语，11 年学制的主要目的是促进学习者更好地掌握俄语。

（二）恢复独立后教育领域俄语被"边缘化"

教育领域是语言权利实现的重要领域，同时也是推动形成国家认同的重要领域。独立后，拉脱维亚便开始尝试进行教育体制改革。当局坚信当教育体系运行慢慢步入正轨，一些措施便得以取得实效。

20 世纪 90 年代中期，虽然拉脱维亚已恢复独立，但俄语在就业、升学方面的优势仍十分明显。拉脱维亚的教育系统依旧是双轨制，学生需要选择在俄语学校或普通学校就读。由于俄语学校 10 年的学制，加之熟练掌握俄语可以在前苏联的其他加盟共和国有更好的就业和学习的机会，因此选择在俄语学校学习的学生数量居高不下。面对如此状况，拉脱维亚当局开始决定在教育体系中进行"激进"的改革，力图"拉脱维亚化"少数民族语言学校。

首先，1995 年《教育法》对少数民族语言学校课程进行规定，从 1996~1997 学年开始，初级教育阶段（1~9 年级）设置 2 门用拉脱维亚语教授的课程，高中教育阶段（10~12 年级）设置 3 门用拉脱维亚

---

[1] 周朝虹：《当代俄罗斯语言政策研究（1991—2015）》，博士学位论文，北京外国语大学，2016，第 24 页。

[2] 周朝虹：《当代俄罗斯语言政策研究（1991—2015）》，博士学位论文，北京外国语大学，2016，第 23 页。

语教授的课程。

而后,教育改革的范围逐步扩大。为了加快"去俄罗斯化"的进程,拉脱维亚当局于1998年对《教育法》进行修订。从1999年开始,大学教育(除特殊情况外)全部使用拉脱维亚语作为教学语言;从2004年开始,10~12年级全部使用拉脱维亚语作为教学语言。"激进"的改革遭到国内少数族群的强烈反对。当时正值拉脱维亚入盟谈判的关键时刻,俄罗斯族抓住此时机,向欧盟方面争取少数族群权利。独立后最大规模的非暴力抗议活动在拉脱维亚境内铺开,为了平息民怨,拉脱维亚政府"弱化"了新《教育法》修订案,提出更具有包容性的法案。①

2008年,拉脱维亚议会出台了一项禁令:禁止在高等教育机构使用除欧盟成员国语言外的其他外语,俄语并不是欧盟官方语言。② 2014年拉脱维亚内阁条例第468条规定:从2015年起,少数民族语言学校7~9年级(除特殊情况外)的课程中至少60%的课程是由拉脱维亚语教授。③

2018年拉脱维亚总统莱蒙德斯·韦约尼斯签署了两项有关教育法的修正案。根据最新法案,少数民族语言学校从2019年起逐渐转为使用拉脱维亚语授课,7~9年级国语课程不少于80%,10~12年级将只允许以拉脱维亚语授课(欧盟官方语言和民族文化课程除外),该法案同时适用于私立学校。针对该法案,国会中由俄罗斯族组成的反对党和谐党提出异议。俄罗斯杜马随后表示:或将以歧视少数民族为由对拉脱维亚发起经济制裁。拉脱维亚外长则以修改国内法案,他国无权干涉作为回应。

---

① English Version of Education Law, http://likumi.lv/ta/en/en/id/50759-education-law, 最后访问时间:2019年3月2日。
② 陈凤:《波罗的海三国的俄罗斯族政策演变分析》,《当代世界与社会主义》2018年第3期,第120~127页。
③ 参见拉脱维亚内阁网站, http://www.mk.gov.lv/sies/default/files/editor/declaraion_of_the_intended_activities_of_the_cabinet_of_ministers.pdf, 最后访问时间:2019年3月2日。

拉脱维亚 2018 年《教育法》的修订在欧洲区域乃至国际社会上引起了巨大的反响。相关专家认为拉脱维亚的教育法已经违反了《消除一切形式种族歧视国际公约》。[①] 针对质疑，2019 年 3 月 23 日拉脱维亚宪法法院表示支持对于在公立学校限制少数族群语言使用的新规定，说明如下：

"3）认定 2018 年 3 月 22 日《教育法》修正案第 1（2）条，第 3 条的第一部分和第二部分以及 2018 年 3 月 22 日《普通教育修正案》第 2 条，与《拉脱维亚共和国宪法》第 91 条第二句相符；4）认定 2018 年 3 月 22 日《教育法》修正案第 1（2）条，第 3 条的第一部分和第二部分以及 2018 年 3 月 22 日《普通教育修正案》第 2 条，与《拉脱维亚共和国宪法》第 114 条保持一致。"[②]

拉脱维亚宪法法院仅以欧洲委员会咨询委员会和相关组织可能没有掌握所有相关信息为由回应质疑。

四 行政领域——俄语被漠视

恢复独立后，不同于教育领域多步走的策略，拉脱维亚当局对于俄罗斯族在入籍程序的适用体现了漠视的态度。

恢复独立后，大部分俄罗斯族仍然选择留在拉脱维亚，但选择留下来的俄罗斯族面临着失去公民身份的残酷现实。入籍政策下，1940 年后移入拉脱维亚居住的俄罗斯族都必须通过入籍程序才能获得公民

[①] 《消除一切形式种族歧视国际公约》(The International Convention on the Elimination of All Forms of Racial Discrimination, CERD) 中规定禁止一切对血统、民族的歧视，这也可以解释为禁止对语言的歧视，包括在教育领域。在拉脱维亚，国际法的地位（效力层级）尽管低于宪法，但高于国内法［1990 年 5 月 4 日《拉脱维亚共和国恢复独立宣言》(Declaration on the Restoration of Independence of the Republic of Latvia) 第一条认定］。

[②] Latvia Restricts Options of Education in Minority Languages in Basic Schools Virtually Eliminates them in High Schools, https://www.minoritymonitor.eu/case/Latvia-restricts-options-of-education-in-minority-languages-in-basic-schools-virtually-eliminates-them-in-high-schools, 最后访问时间：2019 年 11 月 1 日。

身份。俄罗斯政府对拉脱维亚入籍政策进行了强烈的批评，并希望得到国际社会的关注，从而对拉脱维亚当局进行施压，以期拉脱维亚当局可以改变或调整入籍政策。但拉脱维亚并没有对此有过多的回应。1996年至1997年，拉脱维亚境内约3000人申请国籍，而后连续数年，数量有所增长。2005年，申请人数达到约1.92万人。由于受语言水平、居住条件等的限制，俄罗斯族中成功获得国籍的人口数量较少。如前文所述，截至2016年7月，561854名俄罗斯族人中仍有162102名非公民，未入籍的俄罗斯族者数量规模依然庞大。从2006年到2016年，拉脱维亚境内俄罗斯族公民数量只增长了约7000人。①

入籍程序中最重要且最严苛的环节是涵盖拉脱维亚语、拉脱维亚历史及文化等内容的国语能力测试。恢复独立后相当长的一段时间，拉脱维亚教育体系仍延续苏联时期国语学校与少数民族学校双轨制的模式。俄罗斯族学校中，拉脱维亚语并不是教学用语。绝大部分俄罗斯族人没有接受过拉脱维亚语及有关拉脱维亚文化和历史等方面系统的教育，无法顺利通过国语能力测试，难以获得入籍的资格。尽管俄语是拉脱维亚境内最大少数民族俄罗斯族的母语，在拉脱维亚的使用范围较广，但当局并没有在入籍程序中考虑俄语的特殊性。

2023年，拉脱维亚内政部要求拉脱维亚境内75岁以下持有俄罗斯护照的拉脱维亚居民需在2023年底前通过拉脱维亚语的语言测试。如未在规定时间内通过语言测试，需在规定的时间内自行搬离拉脱维亚，否则将面临"强制驱逐"。

五　媒体领域——俄语获得一般性支持

随着现代社会经济、政治、文化的不断发展，媒体日渐成为人们日

---

① Third Report Submitted by Latvia Pursuant to Article 25 Paragraph 2 of the Framework Convention for the Protection of National Minorities，https://www.coe.int/en/web/minorities/latvia，最后访问时间：2019年11月15日。

常生活不可缺少的重要部分，成为人们获取信息不可缺少的重要渠道。拉脱维亚当局深知大众传媒以及媒体语言的重要性，也明白俄语节目的需求量较大，因此在相关法律和实践中都表示出对于少数族群语言的尊重。《电子大众媒体法》第 2 节第 2 款规定"……在电子大众媒体中使用少数族群语言和其他语言的权利"[1]，第 18 节第 71 款规定"公共服务职权范围内的任务之一是为少数族群和有特殊需要的个人提供广播"[2]。

拉脱维亚也成立了独立的大众传媒领域监督机构——国家电子大众媒体理事会（NEMMC）。该理事会主要工作是促进媒体环境的多元化及为少数族群提供以族群语言为媒介语的优质媒体内容。[3] 拉脱维亚广播电台的第四频道社会融合频道和第七电视台的节目涵盖文化、民族传统等内容，均以俄语为主要媒介语。[4]

第四节　真正意义上少数族群罗姆族语言权利保障的规划机制

拉脱维亚境内的土著罗姆族总体数量较少。在欧洲委员会和欧盟的持续督促下，拉脱维亚当局在罗姆语的保障方面做出了诸多努力。

---

[1] Advisory Committee on the Framework Convention for the Protection of National Minorities- Third Opinion on Latvia, p. 31, https://www.coe.int/en/web/minorities/latvia, 最后访问时间：2019 年 11 月 15 日。

[2] Third Report Submitted by Latvia Pursuant to Article 25 Paragraph 2 of the Framework Convention for the Protection of National Minorities, pp. 28-30, https://www.coe.int/en/web/minorities/latvia, 最后访问时间：2019 年 11 月 15 日。

[3] Third Report Submitted by Latvia Pursuant to Article 25 Paragraph 2 of the Framework Convention for the Protection of National Minorities, pp. 28-30, https://www.coe.int/en/web/minorities/latvia, 最后访问时间：2019 年 11 月 15 日。

[4] Third Report Submitted by Latvia Pursuant to Article 25 Paragraph 2 of the Framework Convention for the Protection of National Minorities, pp. 28-30, https://www.coe.int/en/web/minorities/latvia, 最后访问时间：2019 年 11 月 15 日；Advisory Committee on the Framework Convention for the Protection of National Minorities- Third Opinion on Latvia, pp. 28-30, https://www.coe.int/en/web/minorities/latvia, 最后访问时间：2019 年 11 月 15 日。

一 罗姆族的基本情况

根据拉脱维亚第二次《框架公约》国家报告中的数据：2012年，拉脱维亚境内大约有8482名罗姆族人，占拉脱维亚总人口的0.4%。① 根据世界银行2011年的数据，有9000~16000名罗姆族人在拉脱维亚生活。很多罗姆族在慢慢地融入社会后，为了避免在教育、就业等方面可能受到的歧视，而选择隐瞒罗姆族人的身份。罗姆族不同分支间的语言和文化的巨大差异也妨碍他们对于罗姆族这一宽泛群体的认同。

二 覆盖多领域的罗姆族语言权利保障机制

长期以来，在拉脱维亚生活的罗姆族群体生活困窘、受教育程度普遍偏低、失业率居高不下、遭受严重的不平等待遇。虽然罗姆族群体在拉脱维亚占比较小，但拉脱维亚当局在保护该群体方面也制定了相关的政策。

第一，政策规划方面。2007~2009年"拉脱维亚的罗姆族"国家计划 [Gypsies (Roma) in Latvia 2007-2009] 是为期三年的政策规划文件。在罗姆族非政府组织的建议下，该文件设立了涵盖教育、就业、人权三个方面的"拉脱维亚罗姆族群体融合计划"，主要目标是：在教育领域，为罗姆族群创造平等接受教育的机会、提高族群整体教育水平、降低辍学率、提高罗姆族儿童的入学率；在就业领域，促进罗姆族群体与雇主之间的平等对话、减少就业领域的歧视；在人权领域，促进群体间的宽容、减少拉脱维亚社会对罗姆族群固有的负面偏

---

① Second Report Submitted by Latvia Pursuant to Article 25 Paragraph 2 of the Framework Convention for the Protection of National Minorities, p. 28, https://www.coe.int/en/web/minorities/latvia, 最后访问时间：2019年11月15日。

见、加大对罗姆族群文化的宣传力度、促进本族群文化发展及群体认同。

第二，教育领域方面。2007～2009年"拉脱维亚的罗姆族"国家计划设立了"教育机构中罗姆族教师助教"（Teachers' Assistants of Roma Background in Education Institutions）项目。该项目在普通教育体系中增加融合式教育的方式，为罗姆族儿童与其他群体的儿童共同学习创造条件，帮助罗姆族儿童更好地融入学校环境。罗姆族教师助教帮助罗姆族儿童减轻社交、学业压力，同时也起到罗姆族家庭、罗姆族儿童与学校、社会之间的纽带作用。2011～2012学年，7名罗姆族助教上岗。[1]拉脱维亚当局在罗姆族人口聚集地区的小学教育阶段，提供罗姆语的高级读写课程。

第三，司法和媒体方面。2006年，拉脱维亚的耶尔加瓦法院受理了一名罗姆族妇女因其罗姆族身份而未能被雇佣的申诉案件。该法院做出了第一个因其罗姆族身份受到歧视而要求雇佣方给出赔偿的裁决。[2]拉脱维亚的大多数少数族群能以本族群语言或以拉脱维亚语及本族群语言双语出版发行出版物。罗姆族群也拥有了自己的第一份报纸"Nēvo Drom"。[3]

第四，国际合作方面。拉脱维亚在保护罗姆族群体方面也与国际组织寻求更广泛的合作。2012年，国际罗姆族联盟（International Romani Union）的代表与拉脱维亚教育与科学部的少数民族教育事务咨询委员会进行合作。合作的目标是促进罗姆族群体的社会融入，消除

---

[1] First Report Submitted by Latvia Pursuant to Article 25 Paragraph 2 of the Framework Convention for the Protection of National Minorities, https://www.coe.int/en/web/minorities/latvia, 最后访问时间：2019年11月15日。

[2] Advisory Committee on the Framework Convention for the Protection of National Minorities- First Opinion on Latvia, p. 15, https://www.coe.int/en/web/minorities/latvia, 最后访问时间：2019年11月15日。

[3] Advisory Committee on the Framework Convention for the Protection of National Minorities- First Opinion on Latvia, p. 25, https://www.coe.int/en/web/minorities/latvia, 最后访问时间：2019年11月15日。

固有的社会歧视，在教育、就业和人权领域为罗姆族群体提供平等机会。

第五，欧洲区域组织的积极推动方面。欧洲委员会咨询委员会针对拉脱维亚境内罗姆族保护的情况提出一系列的建议或意见。咨询委员会在《框架公约》建议书中敦促拉脱维亚当局采取积极的财政政策支持进行中的有关加快罗姆族群入籍和融合的项目，建议加快解决罗姆族群在就业、教育等方面所面临的困难，希望发展罗姆族群文化和民族认同，以及建议在教育体系中设置罗姆语的课程。

第五节 拉脱维亚不同少数族群语言权利保障特点

拉脱维亚各族群语言地位的变迁大体分为三个阶段。一是主体民族语言地位建立阶段。1920年资产阶级掌握政权，拉脱维亚语第一次成为拉脱维亚官方语言。二是强势少数族群语言的强化及弱势主体民族语言的弱化阶段。在短暂的独立后，拉脱维亚成为苏联加盟共和国。随着苏联其他加盟共和国的大量移民涌入拉脱维亚，拉脱维亚的人口结构发生改变。拉脱维亚族人口占比持续下降，俄罗斯族人口占比持续上升。在苏联大力度实施俄语化的政策下，俄语成为拉脱维亚事实上的国语。三是主体民族语言的重塑与少数族群语言的弱化阶段。在宏观语言环境中，拉脱维亚通过语言法的逐步修订、入籍程序中国语的考察，实现重塑拉脱维亚语国语地位的目的。在中观语言环境中，拉脱维亚当局主要通过教育体制以及其他方面的改革强化拉脱维亚语作为国语的事实地位，进而削弱俄语的强势地位。

恢复独立前，拉脱维亚国内语言使用的特点是：强势语言群体的俄语使用全覆盖，弱势语言群体的拉脱维亚语使用边缘化。恢复独立后，主体民族的拉脱维亚语使用全覆盖，少数族群的俄语使用边缘化，在欧洲组织的持续监督下罗姆语保障得到加强。

本部分主要以曾经的"少数"语言群体——拉脱维亚族、曾经的强势语言群体——俄罗斯族以及真正意义上的少数族群——罗姆族为研究对象，分析少数族群语言权利保障的特点。

一 对弱势"主体民族"语言权利的积极保障

20世纪，拉脱维亚族经历了从主体民族身份，转为联邦内部的少数族群，而后成为真正意义上独立国家的主体民族的过程。随着历史的变迁，拉脱维亚语从短暂的国语，转为名义上的国语，而后成为真正的国语。苏联时期，联邦立法上秉承语言平等的原则，强调"自愿"地学习和使用俄语，但语言规划的实践限制了主体民族语言的发展。拉脱维亚族在拉脱维亚境内一直是主体民族，但将拉脱维亚语作为第一交际语的群体人数少于将俄语作为第一交际语的群体人数，因此从语言使用人数上划分，该群体可以被视为少数群体。

1989年人口普查数据显示，在拉脱维亚仅有大约20%的俄罗斯族使用拉脱维亚语。对比1989年及2000年的人口普查结果，发现拉脱维亚语使用人数的比例从62%攀升到82%。拉脱维亚语使用人数增多的原因有：非公民入籍程序中国语语言能力的测试、职业证书中国语语言能力的考察、长年使用单一语言的群体人数的减少、具有多语能力年轻人数量的增加。总而言之，拉脱维亚语的使用人数在重塑国语地位的政策启动多年后有了显著增长，主体民族语言权利得到了实质性的保障。

二 对强势少数族群语言权利的消极保障

语言是社会的交际工具之一，社会是由语言使用者组成的，因此国家在制定、实施语言规划时需要充分考虑各语言集团的利益诉求。苏联时期，俄语在行政管理、教育和职业领域扮演着重要的社会角色。斯大林时期实施的强制推行俄语、压制其他民族语言的语言规划，为各加盟共和国独立后采取较为严苛的语言政策埋下了伏笔。

俄罗斯族以及俄语的使用问题是拉脱维亚在20世纪社会转型和发展过程中必须面对的棘手问题。该问题本质上是民族认同与国家认同之间的背离，表现为拉脱维亚语国语地位确立和俄语使用之间的"对抗"。拉脱维亚恢复独立后，具有较强民族认同感的俄罗斯族成为国内政治关系处理上的最大挑战。因此拉脱维亚当局通过教育、行政领域等的一系列政策限制俄罗斯族语言权利的实现。

三 对真正意义上的少数族群语言权利较为积极的保障

虽然罗姆族在拉脱维亚境内的人口数量较少，但拉脱维亚当局在罗姆族权益保障及罗姆语使用方面也做出了积极的努力。当局出台了一系列有利于促进罗姆族融合的政策法规，这些政策法规主要覆盖了罗姆族教育和社会融合等方面。在《框架公约》国家报告中，拉脱维亚当局也重点强调了在罗姆族权益保护方面所做的相关工作。欧洲委员会通过域外的监督作用加强对罗姆族各项权益（罗姆语的使用）的保障。

四 欧洲层面语言权利的间接保障

国际或区域组织在强调司法、人权和自由普遍原则的同时，在少数族群语言保护方面也给拉脱维亚施加了或重或轻的压力。通过分析可知，拉脱维亚在制定和实施语言规划及对少数族群权利保护方面主要是根据本国的现实情况，国际或区域组织的作用比较远端。

（一）联合国层面的明晰态度

联合国及内部组织一直比较关注拉脱维亚少数族群权利的保护，在不同场合以不同的方式敦促拉脱维亚调整对俄罗斯族的相关政策。

第一，联合国消除种族歧视委员会[①]密切关注《教育法》的修订。2018年8月23日，联合国消除种族歧视委员会针对2018年拉脱维亚《教育法》的修订谨慎地表达了异议，认为拉脱维亚《教育法》修正案减少了中等教育阶段公立和私立机构中对少数族群语言的使用，这是对以少数族群语言接受教育的群体施加的不适当的限制。联合国消除种族歧视委员会建议缔约国须确保对以少数族群语言接受教育的群体没有任何不当限制，应重新考虑《教育法》修正案的必要性。

第二，联合国的人权专家对俄语未能取得第二官方语言身份表示失望。2011年有超过18万的拉脱维亚人向拉脱维亚中央选举委员会联名请愿，希望给予俄语第二官方语言的身份。在各方的关注和敦促下，拉脱维亚当局于2012年2月18日举行关于俄语是否作为第二官方语言的全民公投，这次公投对俄罗斯族以及拉脱维亚族群都意义重大，投票率高达69%。此次公投结果显示，3/4的公民反对俄语作为第二种官方语言的提议。拉脱维亚宪法规定，只有公民才有投票权，因此大约一半的俄罗斯族没有投票权，公投的结果在意料之中。2012年2月22日联合国少数族群问题独立专家丽塔·伊萨克（Rita Izsák）认为，此次公投不应被视为一个族群对另一个族群的胜利，而应将其视为与拉脱维亚关于少数族群权利对话的契机，并敦促拉脱维亚当局做出努力，使不同群体团结在一起，并协助他们克服历史上的偏见、恐惧和不信任。虽然给予俄语第二官方语言的提议被否决，但拉脱维亚在保障俄罗斯族使用俄语的权利方面仍有不可推卸的责任。[②]

（二）欧盟的持续敦促

欧盟以"哥本哈根标准"衡量候选国少数族群权利（包括语言权

[①] 1965年12月21日，联合国大会通过《消除一切形式种族歧视国际公约》，宣布成立由18人组成的常设的消除种族歧视委员会。

[②] Rejection of Russian as an Official Language Should Inspire Dialogue on Minority Rights，https：//newsarchive.ohchr.org/en/NewsEvents/Pages/NewsSearch.aspx？CID＝LV，最后访问时间：2019年3月1日。

利）保护的实践。欧盟委员会在1998年发布的拉脱维亚第一份入盟评估报告中给予拉脱维亚良好的总体评价。欧盟委员会认为拉脱维亚在巩固和深化保障民主、法治、人权以及尊重和保护少数族群的方面取得了重大进展。① 欧盟委员会在之后的评估报告中也关注到："拉脱维亚应采取措施加快非公民俄语使用者的入籍速度，以便他们能更好地融入拉脱维亚社会。"② "总体来讲，拉脱维亚俄罗斯族的权利（无论是否拥有拉脱维亚公民身份）受到尊重及保护"，但是，"许多领域的非公民与公民的待遇有所不同"。③ "自上次定期报告提交以来，积极的事态进展包括废除了选举法中的语言限制……"④ "拉脱维亚正在履行欧安组织在入籍方面提出的所有建议。"⑤ 欧盟委员会在1998年、1999年入盟评估书中关于俄语使用者问题，给出了相关的建议，但在之后的评估书中鲜有提及。欧盟委员会对拉脱维亚最富争议的《语言法》修订的评论从"可能不符合欧安组织、欧洲协定"转为2000年入盟评估报告书中的"基本符合"，在2000年入盟评估报告中对改革力度较大的《教育法》（1999年）以中性的表述方式稍加评论。欧盟在2003年发布的对拉脱维亚入盟的全面评估报告中，并未对语言政策以及少数族群保护有任何否定的评价。拉脱维亚于2004年顺利加入欧盟。尽管欧盟多次对拉脱维亚"施压"要求其签署《语言宪章》，但直至入盟，拉脱维亚也

---

① 2002 Regular Report from the Commission on Latvia's Progress towards Accession, p. 34, https://www.mfa.gov.lv/en/policy/european-union/history/latvia-and-the-eu-chronology-of-relations#1995, 最后访问时间：2019年10月1日。

② 1998 Regular Report from the Commission on Latvia's Progress towards Accession, p. 7, https://www.mfa.gov.lv/en/policy/european-union/history/latvia-and-the-eu-chronology-of-relations#1995, 最后访问时间：2019年10月1日。

③ 1998 Regular Report from the Commission on Latvia's Progress towards Accession, p. 13, https://www.mfa.gov.lv/en/policy/european-union/history/latvia-and-the-eu-chronology-of-relations#1995, 最后访问时间：2019年10月1日。

④ 2002 Regular Report from the Commission on Latvia's Progress towards Accession, p. 30, https://www.mfa.gov.lv/en/policy/european-union/history/latvia-and-the-eu-chronology-of-relations#1995, 最后访问时间：2019年10月1日。

⑤ 1999 Regular Report from the Commission on Latvia's Progress towards Accession, p. 37, https://www.mfa.gov.lv/en/policy/european-union/history/latvia-and-the-eu-chronology-of-relations#1995, 最后访问时间：2019年10月1日。

未签署该宪章。出于地缘政治的考虑，波罗的海三国对于欧盟来说十分重要。因此，拉脱维亚在恢复独立后制定的"去俄罗斯化"政策，欧盟认为"情有可原"，故未给予过多的"干预"。总体来讲，欧盟对拉脱维亚的语言规划以及少数族群保护给予了正面的肯定，也提出了较为温和的批评。

（三）欧洲委员会的温和建议

目前，欧洲委员会根据《框架公约》的条款已经完成对拉脱维亚的三轮监督程序。拉脱维亚在签署《框架公约》时以比较笼统和宽泛的措辞承诺：确保在一定的区域内给予少数族群足够的机会接受母语教育。拉脱维亚扩大了《框架公约》的适用人群：非拉脱维亚公民且合法地永久居住在拉脱维亚的群体不属于少数族群，但拉脱维亚当局同意将该群体适用于《框架公约》，但前提是族群须认同其少数族群身份。

欧洲委员会咨询委员会肯定了拉脱维亚当局为维护少数族群特定文化和身份所做出的努力，[①] 也注意到以少数族群语言授课的班级和少数民族语言学校的数量呈下降趋势，因此建议国家在制定相关政策时须充分考虑少数族群语言的诉求。拉脱维亚当局回应道：根据2003~2006年的数据，拉脱维亚学校数量逐年减少，加之少数族群语言教学需求的减少以及拉脱维亚语学习的需求增长等诸多因素，最终造成少数民族语言学校数量减少。

欧洲委员会咨询委员会针对拉脱维亚存在的相关问题给出了如下建议。首先，在公共行政部门，少数族群使用本族群语言的权利尚未得到较为全面的保障。咨询委员会认可拉脱维亚保护和加强国语地位的规划，但也建议当局有效地保障少数族群使用族群语言的权利。其次，劳动力市场中基于语言的歧视仍存在。咨询委员会建议当局避免对公共领

---

① Advisory Committee on the Framework Convention for the Protection of National Minorities–First Opinion on Latvia, https://www.coe.int/en/web/minorities/latvia，最后访问时间：2019年11月15日。

域的某些职位附加不相称的语言能力要求。最后，中观语言生活中，少数族群与主体社会的疏离仍然存在，咨询委员会建议政策的具体执行应以尊重少数族群身份和语言需求为基础，寻求国语地位的规划和少数族群语言权利保障的平衡，鼓励拉脱维亚采取更具建设性的方法，促进少数族群的社会融合。

小　结

　　本章主要通过分析拉脱维亚近一个世纪的少数族群政策以及少数族群语言权利保障的实践，来探究语言权利保障的特点。首先，拉脱维亚的少数族群语言权利保障可以分为两个主要阶段：苏联时期，"弱势"主体民族语言权利的消极实现和"强势"少数族群语言权利的全面实现；恢复独立后，"弱势"主体民族语言权利保障的强势回归和"强势"少数族群语言权利的消极实现。主体民族和俄罗斯族语言权利的实现呈现出此消彼长的特点。其次，教育领域一直以来都是语言权利保障的重要阵地。苏联时期，俄语的使用始于各加盟共和国教育领域，而后才呈现出漫溢到宏观、中观、微观语言环境的态势。恢复独立后，拉脱维亚语呈现出全面回归的态势。再次，从语言权利保障机制的效率和公平方面来看，恢复独立后拉脱维亚在国家建构过程中忽视了俄罗斯族的切身利益和强烈诉求，少数族群语言权利只得到了基本的消极保障。这对国家建构中国家认同和群体间和谐造成了一定的影响。最后，从目前的状况分析，不同少数族群语言权利获得了较为基本的保障。在这种情况下，各少数族群语言权利保障还需依靠国内的舆论、个体的申诉、由少数族群组成的政党的发声以及域外的帮助。

第四章　斯洛文尼亚少数族群语言权利保障

第一节　斯洛文尼亚总体语言情况

一　国家概况

斯洛文尼亚全称斯洛文尼亚共和国，原为南斯拉夫社会主义联邦共和国的一个加盟共和国，位于欧洲中南部，西邻意大利，东部以及南部与克罗地亚接壤，东北接匈牙利，北接奥地利，属于中欧国家。截至2023年7月，斯洛文尼亚总人口为2117674人。[①]

6世纪，斯拉夫人迁移到现在的斯洛文尼亚境内，他们是如今的斯洛文尼亚族的祖先。7世纪建立的卡兰塔尼亚公国，是第一个斯洛文尼亚族国家。此后，斯洛文尼亚几易其主，曾受哈布斯堡王朝、奥斯曼土耳其帝国、奥匈帝国等的统治。随着1918年奥匈帝国的瓦解，斯洛文尼亚成为塞尔维亚-克罗地亚-斯洛文尼亚王国的一部分，王国于1929年更名为南斯拉夫王国。1945年11月29日，南斯拉夫联邦人民共和国成立，1963年改称为南斯拉夫社会主义联邦共和国。1991年6月25

[①] 斯洛文尼亚统计局，https://www.stat.si/statweb，最后访问时间：2023年8月2日。

日,斯洛文尼亚宣布脱离南联邦,成为独立主权国家。1992年欧洲共同体承认斯洛文尼亚为独立国家。斯洛文尼亚于1992年5月22日加入联合国,2004年3月成为北约成员国,并于2004年5月1日加入欧盟。[1] 在欧盟第一次东扩的10个新成员国中,斯洛文尼亚的经济水平最高,2006年斯洛文尼亚被世界银行列为发达国家,2007年1月1日加入欧元区。

二 国家语言社区概况

(一) 官方语言概况

斯洛文尼亚的官方语言是斯洛文尼亚语。斯洛文尼亚语属印欧语系斯拉夫语族南斯拉夫语支。斯洛文尼亚加入欧盟后,斯洛文尼亚语成为欧盟24种官方语言之一。2002年斯洛文尼亚人口普查数据显示:88%的斯洛文尼亚人声称其母语是斯洛文尼亚语,斯洛文尼亚人口中有91%以上的人将斯洛文尼亚语作为交际语言。[2]

(二) 官方语言的地位规划

第二次世界大战后,斯洛文尼亚共和国以加盟共和国的身份加入南斯拉夫社会主义联邦共和国。南联邦时期,斯洛文尼亚语是南联邦官方语言,但塞尔维亚-克罗地亚语(简称"塞-克语")具有主导地位。南联邦政府一度要求斯洛文尼亚中小学开设塞尔维亚-克罗地亚语的课程,但斯洛文尼亚政府以各种托辞限定了此课程的授课时间。

1991年颁布的《斯洛文尼亚共和国宪法》第11条中明确规定:"斯洛文尼亚语是斯洛文尼亚的官方语言。"[3]

---

[1] 汪丽敏编著《列国志·斯洛文尼亚》,社会科学文献出版社,2006,第40~90页。
[2] 斯洛文尼亚统计局网站,https://www.stat.si/statweb,最后访问时间:2020年11月1日。
[3] 朱福惠、邵自红主编《世界各国宪法文本汇编(欧洲卷)》,厦门大学出版社,2013,第512~524页。

2004年通过的《斯洛文尼亚语公共使用法案》（The Public Use of the Slovene Language Act）进一步规定了斯洛文尼亚语的法律地位。该法案强调，斯洛文尼亚语是斯洛文尼亚共和国公共领域中用于口头和书面交流的语言，国家应通过积极的语言政策来确保斯洛文尼亚语的地位。在斯洛文尼亚共和国境内，从学前教育到大学公开认证课程都应使用斯洛文尼亚语进行教授（第12条）。法案中特别提出维护和促进居住在他国的斯洛文尼亚族群体对于斯洛文尼亚语学习的权利（第13条）。[1]

《斯洛文尼亚语公共使用法案》要求定期更新《国家语言政策方案的决议》（The Resolution on National Programme for Language Policy），该决议是有关语言的另外一个重要的法律文件。《国家语言政策方案的决议（2014~2018）》根据斯洛文尼亚国家语言状况，要求当局既要考虑历史背景和传统，又要考虑当今条件下新目标的实现，建议采取深思熟虑且积极的语言政策。[2]

三 少数族群语言的地位规划

（一）少数族群语言概况

斯洛文尼亚为多民族国家，斯洛文尼亚族是该国的主要民族。2002年的人口普查结果显示，斯洛文尼亚族占总人口的83.1%，其他占比相对较大的少数民族多来自南联邦时期其他共和国，塞尔维亚族38964人（1.98%）、克罗地亚族35642人（1.81%）、波什尼亚克族21542人（1.10%）、阿尔巴尼亚族6186人（0.31%）、马其顿族3972人（0.20%）、黑山族2667人（0.14%）。其他少数民族所占人口比例均不

---

[1] Jelka Zorn, "Slovenia: Ethnic Exclusion in a Model Accession State", in *Minority Rights in Central & Eastern Europe*, London: Routledge, 2009, pp. 211-224.
[2] 王辉主编《"一带一路"国家语言状况与语言政策》（第三卷），社会科学文献出版社，2019，第278页。

高，匈牙利族占 0.32%、罗姆族占 0.17%、意大利族占 0.11% 等（见表 4-1、表 4-2）。表 4-3 为 1991 年、2002 年斯洛文尼亚各语言使用人数及占比。

表 4-1　斯洛文尼亚人口普查各族群人数

单位：人

民族	1953 年	1961 年	1971 年	1981 年	1991 年	2002 年
斯洛文尼亚族	1415448	1522248	1578963	1668623	1689657	1631363
意大利族	854	3072	2987	2138	2959	2258
匈牙利族	11019	10498	8943	8777	8000	6243
罗姆族	1663	158	951	1393	2259	3246
阿尔巴尼亚族	169	282	1266	1933	3534	6186
波什尼亚克族						21542
黑山族	1356	1384	1950	3175	4339	2667
克罗地亚族	17978	31429	41556	53882	52876	35642
马其顿族	640	1009	1572	3227	4371	3972
塞尔维亚族	11225	13609	20209	41695	47401	38964
其他	6073	7834	20654	53538	97959	211953

注：2002 年人口普查中将移民工人计算在内。按照新的计算方式，1971 年、1981 年、1991 年的结果重新计算。1994 年《波斯尼亚和黑塞哥维那联邦宪法》生效后，波什尼亚克族单独作为一个民族进行统计。其他包含未申报民族或无法判断所属民族等情况。

资料来源：斯洛文尼亚统计局网站。

表 4-2　斯洛文尼亚人口普查登记各族群人数占比

单位：%

民族	1953 年	1961 年	1971 年	1981 年	1991 年	2002 年
斯洛文尼亚族	96.52	95.65	94.04	90.77	88.31	83.06
意大利族	0.06	0.19	0.18	0.12	0.15	0.11
匈牙利族	0.75	0.66	0.53	0.48	0.42	0.32
罗姆族	0.12	0.01	0.06	0.08	0.12	0.17
阿尔巴尼亚族	0.01	0.02	0.08	0.11	0.18	0.31
波什尼亚克族						1.10
黑山族	0.09	0.09	0.12	0.17	0.23	0.14

续表

民族	1953 年	1961 年	1971 年	1981 年	1991 年	2002 年
克罗地亚族	1.23	1.97	2.47	2.93	2.76	1.81
马其顿族	0.04	0.06	0.09	0.18	0.23	0.20
塞尔维亚族	0.77	0.86	1.20	2.27	2.48	1.98
其他	0.41	0.43	1.23	2.91	5.12	10.78

注：2002年人口普查中将移民工人计算在内。按照新的计算方式，1971年、1981年、1991年的结果重新计算。1994年《波斯尼亚和黑塞哥维那联邦宪法》生效后，波什尼亚克族单独作为一种民族进行统计。其他包含未申报民族或无法判断所属民族等情况。

资料来源：斯洛文尼亚统计局网站。

表4-3　1991年、2002年斯洛文尼亚各语言使用人数及占比

单位：人，%

语言	1991年使用人数及占比	2000年使用人数及占比
斯洛文尼亚语	1690388（88.3）	1723434（87.7）
意大利语	3882（0.2）	3762（0.2）
匈牙利语	8720（0.5）	7713（0.4）
罗姆语	2752（0.1）	3834（0.2）
阿尔巴尼亚语	3903（0.2）	7177（0.4）
克罗地亚语	50699（2.6）	54079（2.8）
克罗地亚-塞尔维亚语	3208（0.2）	126（0.0）
马其顿语	4525（0.2）	4760（0.2）
德语	1093（0.1）	1628（0.1）
塞尔维亚语	18123（0.9）	31329（1.6）
塞尔维亚-克罗地亚语	80325（4.2）	36265（1.8）

资料来源：斯洛文尼亚统计局网站。

（二）少数族群语言权利保障的基本框架

1. 国际或地区少数族群权利框架下的基本保障

斯洛文尼亚少数族群语言权利保障框架建立在人权保障机制基础上，而人权保障机制的建立主要是通过国家签署一系列人权公约来实现。

一是加入重要的国际人权公约。斯洛文尼亚批准和签署了1950年《欧洲保护人权与基本自由公约》、1961年《欧洲社会宪章》等条约和

宪章。

　　二是加入少数族群保护公约及宪章。斯洛文尼亚于 1997 年 7 月 3 日签署《语言宪章》，并于 2000 年 10 月 4 日批准，2001 年 1 月 1 日《语言宪章》生效。斯洛文尼亚分别在 2002 年、2005 年、2009 年、2013 年、2019 年五次提交《语言宪章》国家报告。《语言宪章》国家报告拖延提交的情况严重，斯洛文尼亚是少有按时提交报告的国家之一。斯洛文尼亚是第一批签署《框架公约》的国家，于 1998 年批准，同年执行公约。斯洛文尼亚分别在 2000 年、2004 年、2010 年、2017 年、2020 年、2023 年提交《框架公约》国家报告。《框架公约》并未给出少数族群的定义，各国家有更大的空间去约定《框架公约》适用的群体。根据斯洛文尼亚宪法和相关法律规定，本土意大利族、匈牙利族以及罗姆族均适用于《框架公约》（见表 4-4、表 4-5）。

表 4-4　斯洛文尼亚《语言宪章》监督周期

周期	国家报告应提交日期	国家报告实际提交日期	专家委员会评估报告公布日期	部长委员建议报告公布日期
1	2002 年 1 月 1 日	2002 年 3 月 14 日	2003 年 11 月 21 日	2004 年 6 月 9 日
2		2005 年 6 月 13 日	2006 年 9 月 15 日	2007 年 6 月 20 日
3		2009 年 6 月 2 日	2009 年 11 月 20 日	2010 年 5 月 26 日
4		2013 年 9 月 16 日	2013 年 11 月 15 日	2014 年 4 月 16 日
5		2019 年 4 月 8 日	2019 年 11 月 8 日	2020 年 9 月 23 日
InfoRIA		2021 年 4 月 22 日	2021 年 6 月 30 日	2021 年 10 月 20 日
6	2023 年 1 月 1 日	未进行	未进行	未进行

　　注：InfoRIA 为 Information on the implementation of the recommendations for immediate action，即"关于立即采取行动的建议执行情况的资料"。

　　资料来源：欧洲委员会网站。

表 4-5　斯洛文尼亚《框架公约》监督周期

周期	国家报告应提交日期	国家报告实际提交日期	咨询委员会代表实地考察日期	咨询委员会建议公布日期	国家政府对咨询委员会建议评论日期	决议日期	后续谈话日期
1	1999年7月1日	2000年11月29日	2002年1月10~14日	2005年3月14日	2005年3月14日	2005年9月28日	无
2	2004年7月1日	2004年7月6日	2005年3月4~8日	2005年12月1日	2005年12月1日	2006年6月14日	2008年10月21日
3	2009年7月1日	2010年3月28日	2010年11月15~18日	2011年10月15~18日	2011年10月28日	2012年7月4日	2011年5月10~11日
4	2014年7月1日	2017年1月6日	2017年1月10~13日	2018年1月25日	2018年3月14日	2018年10月24日	无
5	2019年7月1日	2020年2月28日	2021年10月11~15日	2022年9月22日	2022年9月19日	2022年11月30日	2022年11月28~29日
6	2023年1月1日	2023年7月25日	未进行	未进行	未进行	未进行	未进行

资料来源：欧洲委员会网站。

三是制定符合欧盟标准的少数族群保护框架。中东欧国家的入盟进程中，欧盟以"哥本哈根标准"和"定期评估报告"作为两个制度性工具，建构和形塑中东欧入盟申请国的少数族群政策。斯洛文尼亚在定期报告中明确表示：斯洛文尼亚一直以来尊重人权和自由。斯洛文尼亚通过保障民主、法治、人权以及尊重和保护少数族群来进一步巩固和深化少数族群权利保护，并取得了一定的进展。[①]

2. 国内法律框架下的基本保障

一是建立保护人权的基本框架。《斯洛文尼亚共和国宪法》第一章第5条规定"在其领土内，国家应当保护人权及基本自由"。第二章"人权与基本自由"第14条规定"在斯洛文尼亚，每个人的人权及基本自由皆被平等保障，无论其民族身份、种族、性别、语言、宗教、政治或其他信仰、财富状况、受教育水平、社会地位、伤残或其他个人状

---

① 2002 Regular Report from the Commission on Slovenia's Progress towards Accession, p. 28, http://aei.pitt.edu, 最后访问时间：2019年10月2日。

况如何"。第22条规定"在法院或其他国家机关、地方团体机关及行使公权力者所作出的所有涉及人的权利或法律上的义务的决定之程序中,应保障任何人的权利皆受平等保护"。① 斯洛文尼亚在宪法中对人权的具体内容进行了翔实规定,体现了平等、无歧视的原则。

二是建立保护少数族群权利的基本框架。《斯洛文尼亚共和国宪法》第一章第5条规定"国家应当保护并保障本土意大利及匈牙利族群的权利"。第二章"人权与基本自由"第61条规定"民族归属之表达。每个人皆有自由表达其民族或民族团体之归属的自由,以及促进并表达其文化、使用其语言与文字的权利"。第64条规定"斯洛文尼亚的本土意大利族及匈牙利族社群的特殊权利:本土意大利族及匈牙利族社群及其成员自由使用其本民族文字的权利,以及为保持民族认同而设立组织并发展经济、文化、科学、研究活动以及发展在大众传媒及出版领域的活动之权利应受保障。依法律之规定,意大利族及匈牙利族社群有权以自己的语言开展教育"。②

在宏观语言生活领域里,斯洛文尼亚通过语言地位的规划来达到保护族群语言权利的目的,其中匈牙利族、意大利族以及罗姆族的语言权利得到了国家层面的"最高级别"的保障。目前中东欧十六国中,斯洛文尼亚对少数族群语言地位的规划级别是最高的。

三是设立保护人权的相关机构。斯洛文尼亚少数民族事务办公室(The Office for National Minorities)是一个独立的政府办公室,执行欧洲委员会、欧盟、联合国和其他国际组织有关意大利族、匈牙利族和罗姆族保护的任务。该办公室全面监测有关斯洛文尼亚本土意大利族和匈牙利族的特别权利,以及宪法和法律规定的斯洛文尼亚罗姆族群体地位和特别权利的执行情况。除上述任务外,该办公室依据斯洛文尼亚宪法和现行法律,负责与意大利族、匈牙利族和罗姆族相关的其他事务。

---

① 朱福惠、邵自红主编《世界各国宪法文本汇编(欧洲卷)》,厦门大学出版社,2013,第512~524页。
② 朱福惠、邵自红主编《世界各国宪法文本汇编(欧洲卷)》,厦门大学出版社,2013,第512~524页。(具体措辞略有修改,本书使用"本土"替代原译文中的"原住")

第二节 本土匈牙利族、意大利族语言权利保障的规划机制

斯洛文尼亚的本土匈牙利族、意大利族语言在自治区域内与斯洛文尼亚语具有同等的官方地位。宏观语言中的地位规划需要通过中观语言生活中语言使用而实现，这种自上而下的推动是语言地位规划实施最有效的方式之一。中观语言生活中，少数族群语言权利保障体系以少数族群掌握国语为基础，以在教育、文化、司法、行政、媒体等方面使用本族群语言的相关法律法规为主体。上下联动的模式可以有效地保护和发展本土少数族群语言以及其所承载的文化内涵。

一 本土匈牙利族、意大利族的语言生态

匈牙利语也称马扎尔语，是欧洲地区极少不属于印欧语系的语言。11~12世纪，斯洛文尼亚与匈牙利的语言和民族界限已经形成，因曾同在奥匈帝国的统治下，两国间居民往来频繁，均有本国居民选择在对方国定居生活。斯洛文尼亚加入南联邦后，仍有一部分匈牙利族选择继续在斯洛文尼亚境内生活。匈牙利族和意大利族均属于斯洛文尼亚境内的本土族群（autochthon），是传统少数民族。根据2002年人口普查的结果：匈牙利族占斯洛文尼亚总人口的0.32%，斯洛文尼亚境内登记为匈牙利族的人数从1961年的10498人下降到2002年的6243人，登记匈牙利语为母语的人数在1991年（8720人）和2002年（7713人）的人口普查中数量波动不大（可详见表4-1、表4-3）。[①] 目前，匈牙利族主要居住在匈牙利、奥地利、斯洛文尼亚接壤的三角地区，62%的匈牙利族居住在斯洛文尼亚的伦达瓦（Lendva/ Lendava）以及斯洛文尼亚最不

[①] 1971年、1981年、1991年的结果根据2002年将移民工人计算在内方式重新计算，而1953年和1961年没有将这部分人口计入。

发达的普雷克穆列地区（Prekmurje），主要从事农业和林业。在匈牙利族居住的4个城市的25个定居点，匈牙利语和斯洛文尼亚语共同作为官方语言，二者在行政、教育、媒体和司法等公共领域享有同等的地位。

意大利语也是历史悠久的本土语言。自中世纪起，意大利族便在斯洛文尼亚境内生活。在一些边境地区，意大利语作为行政语言使用。人口普查数据显示登记为意大利族的人数从1961年的3072人略微下降到2002年的2258人，[1] 登记以意大利语为母语的人数在1991年（3882人）和2002年（3762人）的人口普查中数量波动不大（可详见表4-1、表4-3）。根据2002年的人口普查结果，81.4%的意大利族生活在斯洛文尼亚的科佩尔（Koper/Capodistria）、伊索拉（Izola/Isola）、皮兰（Piran/Pirano）。在以上意大利族群聚集区，意大利语和斯洛文尼亚语共同作为官方语言，在行政、教育、媒体和司法等公共领域意大利语都享有与斯洛文尼亚语同等的地位。

二 法律地位——本土族群语言最高级别的保障

南联邦时期，斯洛文尼亚对于少数族群语言权利保护便有所涉及：1974年的《南斯拉夫社会主义联邦共和国宪法》便赋予意大利族群和匈牙利族群自由使用少数族群语言、表达和发展群体文化的权利。独立后的斯洛文尼亚在此方面一直延续之前的政策。1991年的《斯洛文尼亚共和国宪法》给予了生活在斯洛文尼亚境内几个世纪的匈牙利族和意大利族本土少数民族身份。2006年6月20日修订的《斯洛文尼亚共和国宪法》第11条中规定，在意大利族或匈牙利族居住的自治市或区，官方语言亦应包含意大利语或匈牙利语，并赋予本土意大利族及匈牙利族社群特殊权利。本土意大利族、匈牙利族及其成员为保持其民族身份

---

[1] 1971年、1981年、1991年的结果根据2002年将移民工人计算在内方式重新计算，而1953年和1961年没有将这部分人口计入。

而自由使用其本民族语言、文字的权利，开展经济、文化、科学、研究活动以及在大众传媒及出版领域开展活动之权利应受保障。依法律之规定，意大利族及匈牙利族社群有权以自己的语言开展教育。为了确保以上权利的执行，这些群体的成员应在其所生活的地理区域内建立自治区。国家应授权此群体在其民族管辖权范围内行使特定职权，并为此类职权的行使提供财政支持。[1]

三 教育领域——本土族群语言作为官方教育媒介语

斯洛文尼亚尊重民族和文化多样性，对于匈牙利族和意大利族群体的教育发展比较重视。例如，将意大利族和匈牙利族历史、文化等知识融入国民教育体系；提高意大利族和匈牙利族群体保留和发展本群体文化、语言、习俗特性的意识；在多民族聚集区域，促进多群体成员间的相互理解、包容、合作；根据各群体聚集区的历史特点，定制适合的教育模式和体系。

2001年4月25日颁布的《意大利和匈牙利族群在教育领域的特别权利法》（The Law on Special Rights of Italian and Hungarian Ethnic Community in the Field of Education）规范了匈牙利族、意大利族聚集区的学前、小学、中学教育以及职业技术和专业教育模式，并将其纳入斯洛文尼亚的普通教育体系中。

针对教育体系中的语言使用，斯洛文尼亚在意大利族和匈牙利族自治区采用两种不同的教育模式。在意大利族聚集区，采用的是斯洛文尼亚语及意大利语分别作为教学语言的独立教育体系。在两种类型的学校中，都必须将其他另一种语言作为一门必修课程进行授课。小学1~4年级的所有科目均以双语授课，学生使用双语教科书；在5~8年级斯

---

[1] 朱福惠、邵自红主编《世界各国宪法文本汇编（欧洲卷）》，厦门大学出版社，2013，第512~524页。（具体措辞略有修改，本书使用"本土"替代原译文中的"原住"）

洛文尼亚语在教学中的使用比例大约为70%。① 有别于意大利族聚集区的教育模式，匈牙利族聚集区教育体系采用双语教育，匈牙利语和斯洛文尼亚语的权重相等，斯洛文尼亚语和匈牙利语都是学校大纲规定的课程教学语言。在匈牙利族聚集区域生活的斯洛文尼亚族对此教育模式颇有异议，他们认为在双语教育模式下，斯洛文尼亚族的国语的水平低于其他地区学习者的水平，语言方面竞争力不足，严重影响学习者未来的升学以及就业。斯洛文尼亚当局的回复是，在匈牙利族聚集区域采取双语教育是"历史情况"决定的，并且未有明显的证据表明双语教育体系下学习者的国语水平处于劣势。

四　司法行政领域——本土族群语言获得大力保障

斯洛文尼亚政府出台的多部法律法规中非常翔实地对意大利语和匈牙利语在司法行政领域的使用进行了规定。根据斯洛文尼亚司法部的要求，斯洛文尼亚法院进行诉讼的当事方和其他参加者均有权使用其本族群语言，法院提供口译以及其他形式的翻译服务。《法院诉讼法》（Courts Act）第5款明确规定：在意大利族自治地区，如果庭审中一方居住在此地并使用意大利语，则法院相关的事务以意大利语进行。上级法院审理关于法律救济的案件时，下级法院在原审程序中使用的是意大利语，则上级法院所做出的裁决应翻译成意大利语。② 《民事诉讼法》（Civil Procedure Act）第104款规定：诉讼当事人和参与诉讼的其他人在提起诉讼、上诉和其他申请时可以使用斯洛文尼亚语或法院官方认可

---

① Second Periodical Report Presented to the Secretary General of the Council of Europe in Accordance with Article 15 of the Charter, https://www.coe.int/en/web/european-charter-regional-or-minority-languages/reports-and-recommendations# {"28993157": [19]}，最后访问时间：2019年3月1日。

② Third Periodical Report Presented to the Secretary General of the Council of Europe in Accordance with Article 15 of the Charter, p. 65, https://www.coe.int/en/web/european-charter-regional-or-minority-languages/reports-and-recommendations# {"28993157": [19]}，最后访问时间：2019年3月1日。

的其他族群语言。①《公证法》（Notary Act）第 13 款规定：在意大利语和匈牙利语自治区，如果当事方使用意大利语或匈牙利语，公证人应起草双语公证书。如果该公证书须提交至法院，也无须对该公证书进行翻译。②《法院规则》（Court Rules）的第 30、60~69 款规定：在双语地区，所有的登记事务用语须为意大利语或匈牙利语；审理过程中用语须根据庭审双方中一方或两方语言而定；根据审理过程中双方语言的选择确定会议记录的语言使用；根据审理过程的语言选择确定判决语言的选择；各相关司法部门遵循公平公正的原则，对法官以及法院相关工作人员进行双语能力的相关培训等。③

五 媒体领域——本土族群获得全力支持

斯洛文尼亚共有 4 个公共电视频道，科佩尔电视频道和马里博尔电视台主要服务少数民族聚集的科佩尔（Koper）和马里博尔（Maribor）等地区。斯洛文尼亚当局对于以意大利语和匈牙利语出版发行报纸和杂志的支持力度比较大。意大利族群在国家的资助下出版了《人民的声音》（*Voce Del Popolo*）、《全景图》（*Panorama*）、《城市》（*La Città*）等刊物；匈牙利族群在国家预算的资助下出版了《日历》（*Naptár*）、《村田》（*Muratai*）等刊物。斯洛文尼亚广播电视台（Raio Televizija Slove-

---

① Third Periodical Report Presented to the Secretary General of the Council of Europe in Accordance with Article 15 of the Charter, p. 65, https://www.coe.int/en/web/european-charter-regional-or-minority-languages/reports-and-recommendations# ｛"28993157"：[19]｝，最后访问时间：2019 年 3 月 1 日。

② Third Periodical Report Presented to the Secretary General of the Council of Europe in Accordance with Article 15 of the Charter, p. 65, https://www.coe.int/en/web/european-charter-regional-or-minority-languages/reports-and-recommendations# ｛"28993157"：[19]｝，最后访问时间：2019 年 3 月 1 日。

③ Third Periodical Report Presented to the Secretary General of the Council of Europe in Accordance with Article 15 of the Charter, pp. 67 - 69, https://www.coe.int/en/web/european-charter-regional-or-minority-languages/reports-and-recommendations# ｛"28993157"：[19]｝，最后访问时间：2019 年 3 月 1 日。

nia，RTV）出品了系列意大利语和匈牙利语节目，这些节目主要在少数民族聚集区的科佩尔、马里博尔等地区播出，同时斯洛文尼亚广播电视台的协会组织也有意大利族和匈牙利族的代表参与其中。

第三节　原联邦国家的少数族群语言权利保障的规划机制

20 世纪 90 年代，斯洛文尼亚开始进行政治、经济等方面的转型。转型国家的主要诉求是摆脱之前联邦所带来的影响，回归欧洲是其一切行动的核心动力。独立后，政府更迭及外部环境巨大的变化，都没有"动摇"斯洛文尼亚当局对原联邦国家的少数族群的政策方针。

一　原联邦国家的少数族群的语言生态

1918 年 12 月塞尔维亚-克罗地亚-斯洛文尼亚王国即第一南斯拉夫宣布成立后，统治者亚历山大国王试图通过推行塞尔维亚-克罗地亚语来构建和强化超族群的国族认同。过程中，因通用语的选择方面偏向塞尔维亚族，而引起了其他民族的强烈不满。1945 年到 1980 年，南联邦的语言政策不断趋于多元。塞-克语、马其顿语、斯洛文尼亚语等相继成为官方语言，体现了中央政府对语言多样性的尊重。[①] 1953 年到 1980 年，铁托指示制定详细的保护语言及其应用的法律，以确保这些官方语言在教育领域等的广泛应用。[②] 尽管政府施行全国各民族平等、每种官方语言地位平等的政策，但事实上塞-克语在联邦具有主导地位。

虽然联邦层面实行的是多元的语言政策，但各族群之间仍对语言问题争议不断。塞尔维亚出版的被认为带有排斥或排挤克罗地亚语的词

[①] 1974 年《南斯拉夫社会主义联邦共和国宪法》第二百六十九条规定，参见《南斯拉夫社会主义联邦共和国宪法》（1974/1979），人民出版社，1979，第 109 页。
[②] 郝时远：《20 世纪三次民族主义浪潮评析》，《世界民族》1996 年第 3 期，第 1~11 页。

典，使得两族知识分子关于各自书面语言的使用和地位等问题产生了极大的矛盾，也引发了塞尔维亚族、克罗地亚族两族高涨的民族主义情绪。军队中只准使用塞-克语的规定使得民族语言矛盾再度激化。1988年，4 名斯洛文尼亚《青年》杂志的记者因发表关于军事腐败的文章被指叛国。虽然联邦宪法保障公民在审判中使用本族群语言的权利，但在联邦政府庭审中，庭审使用的语言是塞-克语，这引起了斯洛文尼亚民众的强烈不满。正如托尔弗森所说："这项审判标志着南斯拉夫多元语言政策的终结。"[1] 考虑到塞-克语的使用对斯洛文尼亚语使用产生的巨大冲击，以及民族语言边缘化和整个民族的生存问题，斯洛文尼亚学者推动政府成立了"斯洛文尼亚公共用语部"，该部门主要通过文章呼吁斯洛文尼亚民众使用自己语言。[2]

南联邦时期，斯洛文尼亚将部分从塞尔维亚、克罗地亚移居到斯洛文尼亚境内生活的塞尔维亚族、克罗地亚族等群体定义为"新少数民族"。虽然该群体已经在斯洛文尼亚居住了半个多世纪，但意大利族、匈牙利族和罗姆族所享有的权利并没有延伸到这些群体。1974 年的《南斯拉夫社会主义联邦共和国宪法》赋予南联邦各少数族群与匈牙利族和意大利族在相关领域的相似权利，但实际上这些群体的相关权利并没有得到进一步的保障。1991 年成为独立主权国家后，对于少数族群，斯洛文尼亚国内出现了一定的排外性，主要体现在就业问题上。政府对少数族群采取限制措施，特别要求与意识形态有关的职业一律使用斯洛文尼亚语。原联邦国家的少数族群语言没有得到斯洛文尼亚官方认可，宪法或其他法律也未给予其特殊的地位。在民族国家的建构过程中，斯洛文尼亚的语言规划以确立国语地位、增强国家认同、增加国家凝聚力为主要目的，逐步摆脱塞-克语的影响，同时争取加快"脱南入盟"的

---

[1] James. W. Tollefson, "Language Rights and the Destruction of Yugoslavia", in James. W. Tollefson (ed.), *Language Policies in Education: Critical Issues*, Mahwah, NJ: Lawrence Erlbaum Publishers, 2002.

[2] 戴曼纯、朱宁燕：《语言民族主义的政治功能——以前南斯拉夫为例》，《欧洲研究》2011 年第 2 期，第 115~131 页。

脚步。

塞尔维亚族在 1961 年、1991 年以及 2002 年的人口数量分别是 13609 人、47401 人和 38964 人，克罗地亚族在 1961 年、1991 年以及 2002 年的人口数量分别是 31329 人、52876 人和 35642 人。长期以来，两个少数民族数量波动都不大。2002 年的人口普查中，塞尔维亚族占总人口的 1.98%，克罗地亚族占 1.81%（可详见表 4-1、表 4-2）。

南联邦时期，塞尔维亚语与克罗地亚语比较相似，统称为塞尔维亚-克罗地亚语或克罗地亚-塞尔维亚语，与马其顿语和斯洛文尼亚语均为南联邦官方语言。从语言要素上看，塞尔维亚语、克罗地亚语以及后来的波黑语和黑山语都很接近，使用者几乎可以无障碍交流，但这四种语言与斯洛文尼亚语和马其顿语差别比较大。语言是民族认同和国家认同的要素，因此南联邦解体后，独立的国家纷纷以主体民族或国家名称来对国语或官方语言命名，以实现国家认同。1991 年和 2002 年人口普查中，登记母语为克罗地亚语和塞尔维亚语的人数变化不大，但登记母语为克罗地亚-塞尔维亚语的人数从 3208 人减少到 126 人，登记为塞-克语的人数从 80325 人减少到 36265 人。2002 年的人口普查中，登记母语为塞-克语、塞尔维亚语、克罗地亚语、克罗地亚-塞尔维亚语的人数占总人口的 6.2%（可详见表 4-3）。

二　法律地位——少数族群语言权利的认定

目前，斯洛文尼亚对于原联邦国家的少数族群语言权利的保护机制是建立在宪法规定的所有公民普遍拥有的民族和文化权利基础上的。《斯洛文尼亚共和国宪法》规定，"每个人皆有自由表达其民族或民族团体之归属的自由，以及促进并表达其文化、使用其语言与文字的权利"（第 61 条），"每个人皆享有在行使其权利、履行其义务时，以及在国家及其他行使公共职能之机构的程序中依法律规定的方式使用其语言及文字的权利"（第 62 条）。① 原联邦国家的少数族群语言没有得到斯洛文尼亚官方认可，宪法或其他法律也未给予其特殊的地位。

三 教育领域——少数族群语言获得合作机制下的保障

斯洛文尼亚根据南联邦少数族群语言在不同领域使用的情况以及群体诉求来制定相关教育课程规划，主要是通过与他国合作来保障教育体系内原联邦国家的少数族群语言的使用。南联邦时期，塞尔维亚-克罗地亚语是斯洛文尼亚社会主义共和国小学的必修课。独立后，该政策被废除。而后，斯洛文尼亚当局曾在学校开设塞尔维亚-克罗地亚语选修课。

目前，斯洛文尼亚与曾同属南联邦的其他共和国缔结了双边条约，为南联邦国家的少数族群提供语言课程，并安排语言教师、语言学者间的交换或交流。斯洛文尼亚从 2001 年便开展"斯洛文尼亚共和国境内前南斯拉夫国家成员的状况和地位"（The Situation and Status of Members of the Former Yugoslav Nations in the Republic of Slovenia）的研究项目，该项目关注相关族群的生活、教育、经济状况，持续开展相关的调研和学术活动。2011 年 2 月，斯洛文尼亚国民议会以 2/3 的多数票通过《关于斯洛文尼亚共和国境内前南斯拉夫社会主义联邦共和国群体成员地位的宣言》（The Declaration of the Republic of Slovenia on the Status of National Communities of Members of Nations of the Former Socialist Federative Republic of Yugoslavia in the Republic of Slovenia）。该宣言特别强调了上述族群需要加强自我认同和自我组织的意识，发展族群文化，学习和发展本族群语言和文字等。虽然宣言中列举了斯洛文尼亚当局制定的关于原联邦国家的少数族群权利的保护措施，但具体的实施情况以及成效均未详细介绍。2012 年，斯洛文尼亚文化部启动了"少数民族聚居

---

① 朱福惠、邵自红主编《世界各国宪法文本汇编（欧洲卷）》，厦门大学出版社，2013，第 512~524 页。

区和本土居民居住地区的族群活力"（The Ethnic Vitality of Areas Inhabited by Small Minority Ethnic Communities and Autochthonous People）研究课题。课题主要研究在斯洛文尼亚境内塞尔维亚族和克罗地亚族等少数族群在文化方面和语言使用方面的需求。

2017年9月29日，前南斯拉夫社会主义联邦共和国人民族群事务理事会第三次会议涉及教育系统内克罗地亚语和塞尔维亚语学习安排的设想。① 这些语言分别以教学语言、外语和专业语言在教育领域中使用，同时也详细介绍了各教育阶段克罗地亚语、塞尔维亚语相关课程的安排和设计。

第四节　真正意义上少数族群罗姆族语言权利保障的规划机制

斯洛文尼亚境内的罗姆族因其历史背景、生活方式、传统和习俗等分为多个分支。绝大部分罗姆族群居住在远离斯洛文尼亚主体民族生活范围的边缘地带。族群文化水平比较低、社会偏见严重、失业率极高、经济状况异常困难。大多数家庭主要依靠社会救助来维持生计。为此，斯洛文尼亚当局重点增强罗姆族群自力更生的能力，提高该族群的自我意识，激发其主动融入社会的动力，这为提高族群地位、保护其文化和语言等打下基础。

斯洛文尼亚宏观语言生活中，罗姆族虽未拥有与匈牙利族和意大利族同等的规划地位，但该族群在宪法层面受到特殊保护。斯洛文尼亚是欧盟28个成员国中少数将罗姆族认定为传统少数民族的国家之一，被认为是在罗姆族保护方面的一个极佳案例。斯洛文尼亚《语言宪章》第一、第四、第五轮国家报告均对罗姆族群体教育、文化现状进行了客

---

① Fifth Periodical Report Presented to the Secretary General of the Council of Europe in Accordance with Article 15 of the Charter, p. 27, https：//rm. coe. int/sloveniapr5-en/1680989429，最后访问时间：2024年3月1日。

观的梳理和呈现,并对斯洛文尼亚当局在教育、文化等领域制定的相关政策、采取的相关行动进行了翔实的介绍。

一 罗姆族语言生态

罗姆族从15世纪便居住在现在的斯洛文尼亚境内。斯洛文尼亚境内的罗姆族群主要来源是:普雷克穆列地区的罗姆族早期从匈牙利移入;多雷尼卡(Dolenjska)地区的罗姆族早期从如今的克罗地亚地区移入;戈雷尼(Gorenjska)地区的罗姆族主要从如今的奥地利移入;一小部分的罗姆族在南联邦时期从各共和国移入。目前,斯洛文尼亚最大的罗姆族聚集区是穆尔斯卡索博塔市的普斯卡(Murska Sobota Municipality, Pusca)。罗姆族中极小部分处在一个较好的社会生活水平且能融入主流社会中。整体来讲,居住在东北地区的罗姆族的生活状况好于居住在南部的罗姆族。

登记为罗姆族的人数从1953年的1663人降至1961年的158人,而后增加到2002年的3246人(可详见表4-1)。人口数量增加的主要原因是:罗姆族移民数量的增多、人口普查计算方法的不同、罗姆族自我管理的加强、国际社会对罗姆族问题的关注等。2002年人口普查中罗姆族人的数量与实际的数量之间仍有比较大的差距。据斯洛文尼亚国家少数民族事务办公室估计,目前有7000~10000名罗姆族人居住在斯洛文尼亚境内。很多罗姆族人在慢慢融入斯洛文尼亚社会后,为了避免在教育、就业等方面可能会受到的歧视,而选择隐去自己的罗姆族人身份。罗姆族群体中语言和文化的巨大差异阻碍了他们对于罗姆族这一宽泛群体的认同。

罗姆语主要依赖罗姆族一代代的口口相传而得以保留和传播。目前没有统一的罗姆语言文字。罗姆语带有极强的地域特色,多个分支语言间有相似之处,但区别也比较大。迄今为止,斯洛文尼亚没有以罗姆语为教学语言的学校,也没有专门教授罗姆语的课程,罗姆语的教授只能融入罗姆族文化课程之中。斯洛文尼亚政府在提高罗姆族儿童学前和小学基础教育阶段的入学率方面做出了诸多努力，但罗姆族儿童的文盲率和辍学率依然很高。

二 法律地位——罗姆语最高级别的保障

目前，对于罗姆族内部不同分支的划分没有统一标准。斯洛文尼亚宪法中并无"本土"或"久居"罗姆族群的表述。斯洛文尼亚《语言宪章》第一轮监督程序中专家委员会指出在斯洛文尼亚存在"久居"和"非久居"罗姆族群。① 欧洲委员会咨询委员会在《语言宪章》第一次建议书中指出"久居"的定义会带来法律上不确定的因素。现实中，斯洛文尼亚负责保护少数民族的大多数政府机构在做法上仍然存在着对于罗姆族群区别对待的现象。② 这种问题可能会导致本应得到保护的族群不在保护范围内的情况。

斯洛文尼亚对罗姆族群权利的保护起步于20世纪90年代。1991年颁布的《斯洛文尼亚共和国宪法》第65条规定："生活在斯洛文尼亚的罗姆族之地位与特殊权利应当由法律规定。"③ 2007年3月30日国民议会通过的并于同年4月28日执行的《罗姆族法案》（Roma Communi-

---

① "As to its general historical presence in Slovenia, the Roma community in Slovenia may be divided for sake of simipicity into two main groups: Roma communities living in Slovenia for a very long time and those having moved to Slovenia in relatively more recent times, eg from other parts of former Yugoslavia (such as Kosovo or Macedonia)." 参见 Application of the Charter in Slovenia 1st monitoring Cycle—Report of the Committee of Experts on the Charter, p.6, https://www.coe.int/en/web/european-charter-regional-or-minority-languages/reports-and-recommendations#｜"28993157"：[19]｝，最后访问时间：2019年3月1日。

② Fourth Report Submitted by Slovenia Pursuant to Article 25 Paragraph 2 of the Framework Convention for the Protection of National Minorities, https://www.coe.int/en/web/minorities/Slovenia, 最后访问时间：2019年11月15日。

③ 朱福惠、邵自红主编《世界各国宪法文本汇编（欧洲卷）》，厦门大学出版社，2013，第512~524页。（具体措辞略有修改，本书使用"罗姆族"替代原文中"罗马尼亚族社群"的错误表述）

ty Act)① 是斯洛文尼亚保护罗姆族群权利的里程碑。该法案全面规定了罗姆族群体在斯洛文尼亚的地位，明确在罗姆族群行使特殊权利时，国家当局和地方自治当局的作用和职责，明确规定应在教育方面保护和发展罗姆族群体语言和文化，提高罗姆族群住房水平、就业率，资助罗姆族联盟以及其他罗姆族组织的设立、运作以促进保护罗姆族群的相关权益。

三 教育领域——罗姆语获得全面的支持

第一，教育方面的相关立法。教育是提高少数族群整体素质，使其融入社会、提高自身能力、增加就业机会的最有效方法。独立后，斯洛文尼亚政府在罗姆族教育立法方面也做出了诸多的努力。② 但有关教育的立法仍然十分薄弱，《学前教育机构法》和《基础教育法》仅提出应按照法律法规和其他规定为罗姆族群体提供教育，却无具体的实施措施。

第二，初级教育阶段的机制。经过了20世纪90年代的探索期，斯洛文尼亚当局从各个方面着手保护罗姆族群体权利方面的机制建立。在法律层面政府决定制定关于罗姆族群的基本法：2007年出台了《罗姆族法案》。《罗姆族法案》包含两个专门针对罗姆族教育的规定（第3条和第4条），重点是将更多的罗姆族群体纳入教育体系以及提高罗姆族群的受教育水平。当前，罗姆族儿童入学的人数呈稳步增加趋势，2003~2004学年1469名罗姆族儿童顺利进入小学，2007~2008学年1797名罗姆族儿童进入小学。

斯洛文尼亚当局主要关注罗姆族儿童基础阶段的教育。在基础教育

---

① Roma Community in the Republic of Slovenia Act/ Roma Community Act Official Gazette, no. 33/07, 13 April 2007.
② 《教育组织与资助法》第25条、第81条、第84条中均提及了对于罗姆族儿童教育项目的推广以及资金上的支持。
《学前教育机构法》第7条："罗姆族权利"规定罗姆族儿童学前教育必须全面执行。

方面,"确保罗姆族儿童及家庭享有公平教育机会"(Ensuring Equal Opportunities in Education for Roma Children and Their Families)项目以及罗姆族儿童教育计划项目(2004)主要为罗姆族4~6岁儿童提供斯洛文尼亚语和罗姆语的学前教育,教授和培训相关的技能以帮助儿童顺利地进入小学阶段,并在基础教育系统中开设选修课程"罗姆文化",其中内容包含罗姆语的教授。欧洲社会基金会资助的"增强罗姆族群体社会和文化潜力计划(2010~2013)"(Enhancing Social and Cultural Potentialities in Environments with Roma Communities 2010-2013)的主要目标是为学前儿童、小学阶段学生以及学生家长提供多种形式的课外学习活动、培训罗姆语教师、鼓励和促进跨地区或跨国合作以吸取良好的教学经验。"学前机构中第二语言和双语学习"(Learning of a Second Language and Bilingualism in Preschool Institutions)的子项目"罗姆语教育孵化器"就是一个涵盖罗姆族儿童、罗姆族青年人等群体的教育培训项目。

虽然罗姆族儿童的入园和入学人数逐年增加,[1]但如何促使罗姆族学生适应现存的教育体系及加强国语学习是亟待解决的问题。目前,大多数的罗姆族学生仅仅掌握罗姆语,当他们进入国民教育体系内,就必须学习斯洛文尼亚语。对于在微观生活中没有语言环境、父母对语言教育关注度不高的儿童群体来说,仅仅依靠学校教育来学习一门新的语言,无疑负担很重。加之较高的辍学率,罗姆族群中可以熟练掌握国语的人数较少,这也给罗姆族学习者日后的升学及就业带来了极大的压力。

第三,中等教育阶段的规划。斯洛文尼亚当局在帮助罗姆族儿童顺利接受学前教育、小学教育,助力传播罗姆族文化、历史知识的同时,开始关注罗姆族群初高中阶段以及更高阶段的教育。"教育体系罗姆族成功融入计划第二阶段(2011~2014)"〔Successful Integration of Roma

---

[1] First Periodical Report Presented to the Secretary General of the Council of Europe in Accordance with Article 15 of the Charter, https://www.coe.int/en/web/european-charter-regional-or-minority-languages/reports-and-recommendations#|"28993157":[19]|,最后访问时间:2019年3月1日。

in Education Ⅱ（2011-2014）］着重关注初高中阶段罗姆族学习者的融合问题。2011 年"罗姆族教育战略"（Strategy for the Education of Roma）进行修订后，提出让更多的罗姆族学习者接受大学和研究生阶段教育，通过多种教学模式（例如课外课程、学习营等）提高罗姆族学习者的学习兴趣和学习效果。

第四，罗姆语本体规划及罗姆语师资培训的完善。语言规划二分法包含语言地位规划和语言本体规划，语言本体规划是指对语言自身结构所作的规划，比如改革文字、建立语言标准和规范等。斯洛文尼亚当局重视罗姆语的本体规划。2002 年底，斯洛文尼亚罗姆族联盟出版了《罗姆语词汇汇编》，书中主要收录了罗姆语中的部分单词和词组。2004 年，"罗姆语标准化以及教育中罗姆族的文化"（Standardization of the Romany Language in Slovenia and including the Romany Culture in Education）项目涵盖了罗姆语标准化的制定。2006 年 7 月，罗姆语的编码计划已经完成，这将是罗姆语课程开设的重要基础。系统的罗姆语法和词汇书籍的编撰工作也正在进行。

目前，罗姆语的发展以及罗姆语教师储备仍是斯洛文尼亚当局关注的重点。斯洛文尼亚教育、科学和体育部发起"罗姆族措施国家计划（2017~2021）"（National Programme of Measures for Roma 2017-2021），该计划将改善罗姆族群体现状、促进社会包容和减少罗姆族成员的社会排斥作为主要目标，在教育方面主要侧重于促进罗姆族儿童的语言学习以及增加罗姆族儿童的词汇量。在 2017 年，斯洛文尼亚国家教育委员会已指派一个工作小组负责罗姆语师资储备以及相关人员的培训工作。

《语言宪章》专家委员会对于斯洛文尼亚当局的罗姆族的文化保护提出了诸多建议，例如：在各层次全面发展罗姆语，促进罗姆族文化传播；努力提高全社会对于罗姆语以及罗姆族文化是斯洛文尼亚文化重要组成部分的意识；加大"罗姆族措施国家计划"推广力度，增进公众对罗姆族的存在、文化、习俗、传统等方面的了解；促进对罗姆族社会融合（Social Integration of the Roma）项目的支持，扩大跨文化交流；加强罗姆语师资的培养,在所有适当阶段开展罗姆语和罗姆族文化教学。

第五,罗姆族助理的桥梁作用。斯洛文尼亚也逐步意识到,将罗姆族儿童纳入普通国民教育体系中可能会对该群体造成心理、学习、社交方面的压力,因此,同期开启了帮助罗姆族儿童克服心理和语言障碍的"罗姆族助理"(Roma Assistants)计划。罗姆族助理在学前教育机构、基础教育学校、罗姆族儿童和罗姆族儿童家庭间架设了一个重要沟通桥梁。罗姆族助理协助罗姆族儿童家庭舒缓儿童学习、社交、心理压力,促进教师、儿童和家庭的有效沟通,帮助儿童顺利地进入小学接受国民教育。2008年,有26名罗姆族助理顺利入职。

斯洛文尼亚制定了"罗姆族教育计划"(Strategy for Education of Roma in the Republic of Slovenia),该计划涵盖了促进罗姆族儿童融入国民教育体系、加快罗姆语进入校园、培训罗姆族助理和罗姆语教师等内容。此外,罗姆族教育与信息中心(The Roma Education and Information Centre)着手开展国家"罗姆族导师"职业资格认证工作。2006年12月,斯洛文尼亚国家职业教育与培训学院制定了"罗姆族助理"及"罗姆族协调员"职业标准。

长期以来,斯洛文尼亚当局在促进罗姆族教育方面采取了一系列务实的举措,但因罗姆族自身的特点、生活环境较为偏远以及自身对于教育重视程度较低等问题,罗姆族整体的受教育水平仍较低。[①]

第五节　斯洛文尼亚不同少数族群语言 权利保障的特点

斯洛文尼亚各族群语言地位的变迁大体分为两个阶段。一是各加盟共和国主体民族语言地位平等阶段。南联邦时期,斯洛文尼亚语的法定

---

① First Periodical Report Presented to the Secretary General of the Council of Europe in Accordance with Article 15 of the Charter, p. 33, https://www.coe.int/en/web/european-charter-regional-or-minority-languages/reports-and-recommendations#｛"28993157":［19］｝,最后访问时间:2019年3月1日。

地位与其他共和国国语地位平等。然而实际情况是，塞-克语是中央政府部门、外交、联邦议会、军队、主要媒体的工作语言，享有一定的特权。斯洛文尼亚语的使用范围及重要性均不及塞-克语。二是强化强势主体民族语言地位、积极保障国家认定的本土少数族群语言权利阶段。独立后，斯洛文尼亚当局在强化国语使用的同时，加强对本土意大利族、匈牙利族和罗姆族的语言权利保障。

本部分主要分析斯洛文尼亚国家认定的本土少数族群——匈牙利族和意大利族，原联邦国家的少数族群——塞尔维亚族、克罗地亚族以及真正意义上的少数族群——罗姆族语言权利保障特点。

一 对国家认定的本土少数族群语言权利的积极保障

斯洛文尼亚独立以来，虽身处"是非之地"的巴尔干半岛，但却能"闹中取静"。究其原因，除了地理位置优势和固有的良好经济基础外，健全的少数族群权益保护法规的制定和实施也是重要因素。斯洛文尼亚少数族群权利囊括了建立自治组织和机构权，在议会、国家和地方政府中的直接代表权，与母国自由合作权，培植和发展本群体文化权等。其中，有关少数族群语言的权利包括自由使用族群标志权、以本族群语言接受教育和获悉母国历史文化权，以及以族群语言获得信息权、双语服务权等。[1]

斯洛文尼亚对于本土匈牙利族、意大利族语言的保护框架如下：国家立法层面明确语言地位，即在本土匈牙利族、意大利族少数族群聚集区内本土匈牙利族、意大利族语言与斯洛文尼亚语具有同等的官方地位；少数民族自治区内，教育、文化、司法、行政、媒体等中观语言生活中，中央政府与地方各行政部门协力，使得少数族群语言权利保护成为中东欧国家语言权利保障的典范。2002年欧盟委员会报告中指出：

---

[1] 张海洋：《在开放中守护传统——斯洛文尼亚的民族和民族工作》，《世界民族》2001年第6期，第36~43页。

斯洛文尼亚在少数族群保护方面总体表现良好，尤其是在匈牙利族和意大利族保护方面。

二 对原联邦国家的少数族群语言权利的消极保障

目前，斯洛文尼亚境内的克罗地亚族、塞尔维亚族与母国的联系尚属紧密。斯洛文尼亚当局将该类群体认定为移民群体，而非传统或本土少数族群。

欧洲委员会专家委员会以及部长委员会连续四次在建议书中建议斯洛文尼亚当局确定克罗地亚语、塞尔维亚语、波斯尼亚语以及德语在斯洛文尼亚境内的传统使用"身份"，确定语言具体使用的区域，并建议将以上语言适用于《语言宪章》第 2 款。但当局始终不予确认。

南联邦时期，中央政府一致宣称坚持各加盟共和国的主体民族语言平等的原则，但现实是塞-克语在地位和使用范围上都远超其他语言。斯洛文尼亚知识分子担心塞-克语会对斯洛文尼亚语产生冲击，因此通过各种方式唤醒民众保护母语的意识。1988 年，斯洛文尼亚记者事件再次将本来已经松散的族群间关系推到了分裂的边缘。独立后，斯洛文尼亚当局没有建立塞尔维亚族、克罗地亚族居住的自治市或区，议会中也无专属的议员名额。由于历史的原因，斯洛文尼亚并没有与塞尔维亚、克罗地亚缔结全面的有关少数族群保护的相关协议，双方都持观望态度。

斯洛文尼亚境内的原南联邦少数族群已受到国际社会及区域组织多方关注。斯洛文尼亚签署《语言宪章》后，欧洲委员会专家委员会对斯洛文尼亚在保障匈牙利族和意大利族语言权利方面所采取的举措予以肯定，但也对南联邦解体前移居到斯洛文尼亚境内的少数族群的生活状况和语言使用的权利表达了关切。

关于克罗地亚语的地位规划，专家委员会在第一次、第二次、第三次评估报告中认为，在斯洛文尼亚的贝拉克拉伊纳和莫克里斯地区

（Bela Krajina and Mokrice），克罗地亚语和克罗地亚族文化从历史上一直存在至今。鉴于此，专家委员会认为"该语言符合《语言宪章》所指的区域或少数群体语言，并鼓励斯洛文尼亚当局重新考虑对该语言的定位"，同时进一步督促"确定克罗地亚族群具体的聚集区域"。[①] 2010年，部长委员会也建议将克罗地亚语适用于《语言宪章》第7条。[②] 斯洛文尼亚当局承认少数族群语言所代表的文化内涵是斯洛文尼亚文化的重要组成部分，但"克罗地亚语是移民语言，使用人数较少，无特定的聚集区域。语言传统使用的地区目前官方无法确定，故不符合区域或少数群体语言的定义"[③]。

关于塞尔维亚语和波斯尼亚语的地位规划，专家委员会在第一次评估报告中表示希望斯洛文尼亚当局可以关注这两种少数族群语言保护的相关问题以及确定这两种语言的历史存在问题。[④] 斯洛文尼亚当局的回应是：对于波斯尼亚语和塞尔维亚语，斯洛文尼亚认为它们是"以前共同体国家存在的必然结果"[⑤]。

关于德语的地位规划，斯洛文尼亚在第一次国家定期报告中承认德语具有历史存在的特征，但在法律框架下未对德语的使用有明确的保护

---

① Application of the Charter in Slovenia 1st Monitoring Cycle—Report of the Committee of Experts on the Charter，https：//www.coe.int/en/web/european-charter-regional-or-minority-languages/reports-and-recommendations# ｛"28993157"：［19］｝，最后访问时间：2019年3月1日。

② Application of the Charter in Slovenia 3rd Monitoring Cycle—Recommendation of the Committee of Minister of the Council of Europe on the application of the Charter by Slovenia，https：//www.coe.int/en/web/european-charter-regional-or-minority-languages/reports-and-recommendations# ｛"28993157"：［19］｝，最后访问时间：2019年3月1日。

③ Second Periodical Report Presented to the Secretary General of the Council of Europe in Accordance with Article 15 of the Charter，https：//www.coe.int/en/web/european-charter-regional-or-minority-languages/reports-and-recommendations# ｛"28993157"：［19］｝，最后访问时间：2019年3月1日。

④ Application of the Charter in Slovenia 1st Monitoring Cycle— Report of the Committee of Experts on the Charter，https：//www.coe.int/en/web/european-charter-regional-or-minority-languages/reports-and-recommendations# ｛"28993157"：［19］｝，最后访问时间：2019年3月1日。

⑤ Second Periodical Report Presented to the Secretary General of the Council of Europe in Accordance with Article 15 of the Charter，https：//www.coe.int/en/web/european-charter-regional-or-minority-languages/reports-and-recommendations# ｛"28993157"：［19］｝，最后访问时间：2019年3月1日。

或促进。① 部长委员会建议斯洛文尼亚将德语作为区域或少数族群语言进行保护，赋予德语宪法保护的地位，并提出在科切夫耶地区（Kočevje）优先提供德语教育。

虽然斯洛文尼亚当局并没有给出令欧洲委员会满意的答复，但在保护原联邦国家的少数族群权利方面，尤其是在语言以及文化的保护方面仍采取了一些措施。如斯洛文尼亚政府采取系列措施支持克罗地亚语、塞尔维亚语和波斯尼亚语的语言培训、语言推广、语言文化宣传、媒体支持等项目。

总体来讲，斯洛文尼亚当局对于原联邦国家的少数族群语言权利的保障是基于最基本的少数族群权利保护机制，始终坚持尊重但有限促进的原则。

三 对真正意义上的少数族群语言权利的积极保障

虽然斯洛文尼亚境内的罗姆族人数仅为10000人左右，但当局对于罗姆族语言权利的保障是非常积极和全面的。一是宪法明确罗姆族之地位与特殊权利应受到法律的保护；二是出台了对罗姆族群权利保护具有里程碑意义的《罗姆族法案》；三是开展了罗姆语本体规划工作。本体规划对于真正意义上的少数族群语言的延续和发展至关重要。有母国的少数族群，语言本体规划一般会依赖于母国；没有母国的群体，语言本体规划一般会被忽视，但斯洛文尼亚开展了对罗姆语的本体规划，这无疑在罗姆语保护方面迈出了重要的一步。斯洛文尼亚曾提出要在国内开启罗姆语标准化的进程，但考虑到不能割裂国内罗姆族与其他罗姆族群间的交流，因此暂缓了这项工作。

斯洛文尼亚当局在保护罗姆族主要权益方面做出了很多开创性的尝

---

① Application of the Charter in Slovenia 4th Monitoring Cycle—Report of the Committee of Experts on the Charter, https://www.coe.int/en/web/european-charter-regional-or-minority-languages/reports-and-recommendations# {"28993157"：[19]}，最后访问时间：2019年3月1日。

试，也得到了广泛的认可和支持。

四 与欧洲区域组织的合作保障

斯洛文尼亚积极签署、批准《框架公约》和《语言宪章》，并按期提交国家报告。斯洛文尼亚在国家报告中表示：当局正以积极的行动部署委员会的各项建议，以诚恳的态度与区域组织进行良好的互动。

作为欧盟第一批东扩的国家，欧盟委员会根据"哥本哈根标准"评估斯洛文尼亚少数族群保护的效果。在2001年报告中，欧盟对斯洛文尼亚保护少数族群权利方面取得的进展予以了肯定，指出"可以认为匈牙利族和意大利族少数族群的状况良好，对其权利的保护也非常全面"[①]。与此同时，也建议确保罗姆族的必要融合，以促使他们充分参与经济、社会和政治生活，同时保留其语言和文化特征。欧盟在少数族群权益问题上也起到了积极的促进作用。斯洛文尼亚独立后，斯洛文尼亚族可以自动获得公民权，但少数民族需要在一年内向当局重新申请公民权，如果超期其档案将自动被清除，这一规定导致一些少数民族丧失了公民权。在欧盟的不断催促下，2003年斯洛文尼亚宪法法院做出裁决，要求政府必须恢复境内1.8万多名克罗地亚族、塞尔维亚族等少数民族居民的公民权。

欧洲委员会专家委员会对罗姆族群的关注度很高，多次提出具有建设性的意见和建议。在族群认同感及社会认可方面，提出应该加强罗姆族群的自信心和自豪感，从而使其不必牺牲自己的身份、文化、语言而融入斯洛文尼亚社会，政府应在公共媒体等方面大力宣传罗姆族群的文化，帮助其树立良好的正面形象，改变斯洛文尼亚社会对于罗姆族群的固有认识；在罗姆语的本体规划方面，提出加快罗姆语法典化以及罗姆语作为书面语的进程；在罗姆语教师储备方面，提出应建立具有系统性

---

① 2001 Regular Report from the Commission on Slovenia's Progress towards Accession, p. 28, http://aei.pitt.edu, 最后访问时间：2019年10月2日。

的罗姆语教师培训机制，采取更加灵活的方式，为罗姆语顺利走进国民教育场域做好充分的准备。

总体来讲，斯洛文尼亚在少数族群保护方面与欧洲区域组织建立畅通的沟通渠道，以积极的态度和实践回应区域组织提出的意见和建议。

小　结

本章主要通过分析斯洛文尼亚近一个世纪的少数族群政策以及少数族群语言权利保障的实践，来探究斯洛文尼亚语言权利保障的特点。首先，斯洛文尼亚的少数族群语言权利保障可以分为两个主要阶段：南联邦时期，对主体民族语言权利较为平等的保障和对少数族群语言权利的有限保障；独立后，对主体民族语言权利的全面保障和对国家认定的本土少数族群语言权利的高规格保障。其次，从语言权利保障机制的效率和公平层面来看，一方面斯洛文尼亚当局在国家认定的本土少数族群权利保障方面堪称"优等生"，但另一方面其对于其他少数族群权利的保障则效率低下，公平不足。独立后，尽管欧洲委员会和欧盟的多次督促，但原联邦国家的少数族群的语言权利保障情况并没有显著改善。因此，作为"优等生"的斯洛文尼亚在少数族群语言权利的保障方面仍有不愿触碰的敏感神经。最后，从目前的状况分析，斯洛文尼亚对国家认定的本土少数族群与对其他少数族群的语言权利保障，尤其是在法定地位方面和教育领域，差异较大。

第五章　少数族群语言权利保障问题与完善

第一节　拉脱维亚、斯洛文尼亚少数族群语言权利保障的演进背景

拉脱维亚、斯洛文尼亚两国少数族群语言权利保障机制的构建和演进是在历史、社会、政治等因素的推动下完成的。无论是缓慢的、曲折的、主动的，还是激进的、直接的、被动的，其演进过程背后均有来自国际的、区域的、国内的多方压力。民族国家的构建、地缘关系的构建以及欧洲区域关系的构建都是少数族群语言权利保障机制的重要影响因素。

冷战结束后，欧洲地区出现了大量新独立的国家。欧洲地区的国家数量从冷战前的31个变为目前的44个（原属国家）。根据2003年的调查，欧洲区域一共有329个少数族群。20世纪70年代，欧洲区域仅有90个少数族群。[1]民族国家数量的增加、少数族群数量的激增都表明冷战结束后欧洲地区民族问题及语言问题极具复杂性。

---

[1] 少数族群数量增多的原因包括国家的分裂、调查技术更为先进、少数族群更有勇气表明自己的族群身份等。参见杨友孙《欧盟东扩视野下中东欧少数民族保护问题研究》，江西人民出版社，2010，第77~80页。

一　民族国家的构建

民族国家的构建是指将边界内不同族群整合成拥有历史、文化意义的集合体，致力于实现各族群对国家的尊重，实现民众对于"国家是'我们'的国家"的认可，塑造向心力和凝聚力以在特殊时刻抵制外来"他者"的威胁。民族国家构建过程中，实现民众对于国家的认可以及塑造向心力的重要渠道是构建国家认同或国族认同。

1789年大革命后，法国国家构建努力实现的目标是使在法国地域上生活的民众均成为法国公民，均使用统一的法语，认同法兰西共和国的价值。雅各宾党人认为共同的语言对于保证公民平等权利十分重要，因此坚持法语作为公共事务中的唯一语言，采取公立教育体系中均使用法语作为教学媒介语等措施。法国模式产生了巨大的扩散效应，成为很多国家构建的样本。[1] 学者金里卡总结了国家建构过程中的强制性做法："通过语言法，要求所有公职人员在工作时使用多数族群语言，采取以多数群体的语言和文化为基础的民族教育政策等一系列模式。"[2] "语言成为加强国族或国家认同的工具"[3]，语言认同的建立被认为是实现国家认同的重要方式和工具之一。

族群认同和国家或国族认同是两种重要的群体认同。族群认同指族群成员对所属族群或民族归属的认知及眷恋和依附的情感，某种程度上是无意识的。国家认同指社会成员对所属的国家或国族在认知和情感上的认同，是一种理性的、有意识的依赖。个体或族群与母语有着天然稳固的关系，坚固且难以割裂（尤其在家庭域、宗教域及社区域等）。有

---

[1] 左宏愿：《现代国家构建中的族群冲突与制度调控研究》，博士学位论文，南开大学，2013，第76页。

[2] 左宏愿：《现代国家构建中的族群冲突与制度调控研究》，博士学位论文，南开大学，2013，第76页。

[3] 戴曼纯、朱宁燕：《语言民族主义的政治功能——以前南斯拉夫为例》，《欧洲研究》2011年第2期，第115~131页。

些国家担心如将中观语言环境语言使用的选择权交给少数族群，少数族群更倾向于母语的使用，这也许会造成少数族群与主体民族在一些方面的割裂和分离，从而严重威胁到国家认同的建立和发展。

南联邦中央政府、苏联中央政府、斯洛文尼亚、拉脱维亚分别采取的强制性语言政策或趋于多元主义的语言政策均与国族认同或国家认同息息相关。

第一，南联邦/苏联时期，国族认同建立中的语言因素。"从某种意义上讲，以统一语言为手段谋求民族解放或建立超民族共同体的语言民族主义运动造就了第一南斯拉夫多民族国家。但以保护母语为借口的分裂型语言民族主义运动则朝着相反的方向发展最终导致南联邦的分裂。"[1] 南联邦内部，各加盟共和国各自为政的局面长期存在，因各自不同的发展理念而慢慢地表现出强烈的族群自我意识。斯洛文尼亚因其相对较好的经济基础、民族同质化较高以及靠近中欧的地理位置而表现出更为强烈的自我意识，以及保持民族更鲜明特质的诉求。该时期，斯洛文尼亚因具有良好的经济表现但未获得相匹配的政策支持而指责中央政府财政方面做法的不合理性。1968年，修建斯洛文尼亚至奥地利、意大利高速公路的贷款被中央政府挪作他用，这件事情引发了斯洛文尼亚大规模的抗议活动。"公路事件"促使斯洛文尼亚与中央政府的矛盾外显化。南联邦军队中只准使用塞-克语的规定再次引发了斯洛文尼亚民族独立的倾向。随着南联邦的主要领导人铁托、卡德尔的相继过世，南联邦内部的民族矛盾日益尖锐，共和国间的关系也日趋紧张，主要体现为塞尔维亚强硬坚持国家统一的态度及斯洛文尼亚日益强烈的民族独立诉求。1989年，斯洛文尼亚社会主义共和国修宪。宪法规定：斯洛文尼亚民族拥有永久的、不可剥夺的自决权利，包括分离和联盟。[2] 这无疑为日后脱离南联邦埋下了伏笔。1990年7月，斯洛文尼亚议会发

---

[1] 戴曼纯、朱宁燕:《语言民族主义的政治功能——以前南斯拉夫为例》，《欧洲研究》2011年第2期，第115~131页。

[2] 王剑峰:《多维视野中的族群冲突》，民族出版社，2005，第227页。

表斯洛文尼亚共和国主权宣言，宣布斯洛文尼亚共和国为主权国家。而后，南联邦各加盟共和国一年多的多轮磋商也未能达成任何共识。1991年6月25日，斯洛文尼亚宣布独立。从某种意义上来讲，南联邦作为具有特殊性质的政体，在构建过程中，推行的语言平等、文化多元化政策并不算成功。① 中央政府长期奉行语言平等、尊重族群文化的开放政策，领导人铁托希望通过多元平等的语言政策来建立民族和国族的双重认同。然而，事与愿违。

不同于南联邦中央政府尊重族群文化、保留族群特色的做法，苏联时期，中央政府的实践中具有淡化民族特色的倾向，以期建立国族认同。中央政府并没有建立俄语作为通用语的法律框架，但实践中一直加强俄语作为重要通用语的"地位"，将推广俄语与构建各加盟共和国民众对"苏联人民"的认同相结合。俄语化的政策成功地将多个单语语言集团转为双语语言集团，甚至个别国家在独立后的相当一段时间内，国民对于俄语的学习和使用仍然保持着极大的热情。虽然中央政府在俄语的推广上取得了很大的成功，但俄语的全面使用并未在促进国族认同上发挥有效的作用，甚至引起加盟共和国民族主义思潮的反弹。拉脱维亚境内主体民族占比并不具有绝对优势，拉脱维亚语处于国家的非主要通用语言的尴尬境地，这也为恢复独立后的拉脱维亚民族问题的处理埋下了极大的隐患。

第二，独立/恢复独立后，国家认同建立中的语言因素。民族国家建构过程中，少数族群与主体群体间的关系被重新定义。曾经的"强势"少数族群成为"弱势"群体，曾经与主体民族地位平等的少数民族成为真正意义上的少数族群。少数族群认同的方式和内涵、族群语言使用的诉求等都发生了巨大的变化。各族群在国家转型中重新认清族群地位，新观念和意识的形成需要较长的时间。

南联邦时期，斯洛文尼亚的语言民族主义者以语言为工具加强族群

---

① 戴曼纯、朱宁燕：《语言民族主义的政治功能——以前南斯拉夫为例》，《欧洲研究》2011年第2期，第115~131页。

成员的民族认同，同时削弱国族认同。独立后，斯洛文尼亚意识到国家通用语在构建国家认同中的重要意义，即共同的语言能够促进各民族文化共享，能使民众产生一种对国家的归属感。斯洛文尼亚独立后便明确了国家语言。

拉脱维亚国语重树30年来，绝大部分的俄罗斯族已经从单语使用者转变为双语使用者，考虑到族群对于母语的特殊情感，族群语言完全转用只能交给时间。拉脱维亚也采取了分阶段推行国语的政策，而非在不同学习阶段同时推行国语使用的政策，以帮助各阶段学习者更好地衔接。选择永居的俄罗斯族也面临着国家认同的重新建立问题，更多的年轻俄罗斯族更倾向于或更愿意成为双语使用者，以获得更多的实际利益。2004年，新波罗的海晴雨表调查数据显示：拉脱维亚仍有60%的俄罗斯族认为自己是俄罗斯人。[1] 2018年拉脱维亚《教育法》修正案的相关规定说明拉脱维亚当局仍担忧民族分离主义，坚持通过国语推广凸显语言的国家身份构建功能。

语言对于族群认同和国家认同的重要性毋庸置疑，但如何平衡二者之间的关系是摆在民族国家建构过程中的一个难题。曼索尔认为族群认同和国族认同并不一定相互冲突，很多欧洲国家对多样性的宽容促进了双重认同构建。[2]

二 地缘关系的构建

"跨境族群是指由于长期的历史发展而形成的，分别在两个或者多个现代国家中居住的同一族群。这些跨界而居的族群长期生活在不同国家，因其自身有着共同的族群感情和族群认同，在经济、政治上有着千

---

[1] Kjetil Duvold and Sten Berglund, "Democracy between Ethnos and Demos: Territorial Identification and Political Support in the Baltic States", *East European Politics and Societies and Cultures*, Vol. 28, No. 2, 2014, pp. 357-359.

[2] Gerda Mansour, *Multilingualism and Nation Building*, Bristol: Longdunn, 1993.

丝万缕的关系。"① 拉脱维亚境内的俄罗斯族以及斯洛文尼亚境内的塞尔维亚族、克罗地亚族都属于跨境族群。

地缘关系是指以地理位置为联结纽带,因在一定的地理范围内生活、活动和交往而产生的人际或国家间的关系。② 地缘关系是影响国家政治行为的一个基本因素,对国家的少数族群政策有着一定的影响。冷战结束后,全球政局处在平衡被打破后的过渡、调适阶段。中东欧各国与周边国家关系的调整在少数族群政策上有所体现。

波罗的海三国是俄罗斯与西方接触、缓冲,甚至对抗的焦点区域,其安全体感一直较弱。波罗的海三国中,爱沙尼亚的经济实力较强,立陶宛属于民族同质性较高的国家,拉脱维亚国内的俄罗斯族人口占比最大,因此拉脱维亚对于少数族群的问题更加敏感。由于历史及政治因素,波罗的海国家视语言政策为一种政治工具,语言政策带有浓厚的政治色彩。③ 1993年4月23日,俄罗斯联邦总统令批准的《俄罗斯联邦外交政策构想总则》中写道:"俄罗斯主张使这一关系步入睦邻与互利合作的轨道。其必要条件是这些国家应当尊重俄罗斯利益,包括保护俄族居民的权利。"④ 2008年的第三份《俄罗斯联邦外交政策构想》再次提及"对俄罗斯而言至关重要的是根据欧洲和国际法的原则确保俄语居民的权利"⑤。俄罗斯总统普京在全世界俄罗斯侨民大会上发表开幕词,强调"拉脱维亚和爱沙尼亚的大部分俄族居民没有国籍。这两个国家大约有60万非公民常住居民"⑥。2008年,俄罗斯与格鲁吉亚冲突

---

① 栾爱峰:《地缘政治视角下我国西北跨界民族问题研究——以哈萨克族为例》,博士学位论文,中央民族大学,2010,第18~24页。
② 栾爱峰:《地缘政治视角下我国西北跨界民族问题研究——以哈萨克族为例》,博士学位论文,中央民族大学,2010,第18~24页。
③ 戴曼纯、刘润清:《波罗的海国家的语言政策与民族整合》,《俄罗斯中亚东欧研究》2010年第4期,第17~24页。
④ 孔田平:《冷战后俄罗斯的中东欧政策及其影响》,社会科学文献出版社,2018,第5~6页。
⑤ 孔田平:《冷战后俄罗斯的中东欧政策及其影响》,社会科学文献出版社,2018,第5~6页。
⑥ 孔田平:《冷战后俄罗斯的中东欧政策及其影响》,社会科学文献出版社,2018,第11页。

发生，波罗的海三国支持采取强硬手段对付俄罗斯。[①] 2014 年，乌克兰危机使得俄罗斯与北约的对峙到达了冷战结束以来最严重的状态。在独立后的 30 年期间，乌克兰的语言问题已然演变成政治工具。语言政治与社会政治纠葛在一起，语言规划一直随着政局的变化摇摆不定。语言政治斗争影响了乌克兰的社会稳定和国家统一。拉脱维亚领土狭小，内有多民族共生，东有俄罗斯的"虎视眈眈"，南有乌克兰的前车之鉴，地区安全感十分不足。乌克兰事件后，拉脱维亚绷紧了神经，加上莫斯科长期隔空喊话要求波罗的海三国改善国内俄罗斯族的处境，这些都促使拉脱维亚再次收紧语言政策，限制俄语的使用。拉脱维亚与俄罗斯在拉脱维亚境内俄罗斯族保护问题上冲突不断，在境内俄罗斯族保护方面几乎没有任何合作。

素有"欧洲火药桶"之称的巴尔干地区由于领土、民族、宗教及文化等原因，历史上争端和纠纷不断。地处巴尔干地区的最北端、优良的经济表现以及同质化的族群组成是斯洛文尼亚地区安全感较高的主要原因。斯洛文尼亚在国家间的合作方面积极性很高。斯洛文尼亚当局基于平等和互惠的原则建立双边或多边合作关系，以改善他国境内斯洛文尼亚族的处境。

地缘政治格局的变化是影响多民族国家少数族群政策的重要因素之一，与此同时，少数族群问题也影响并制约着地缘政治格局的形成与发展。

三 欧洲区域关系的构建

20 世纪 90 年代，拉脱维亚和斯洛文尼亚在宣布独立后，均向欧洲区域组织伸出了橄榄枝，在少数族群权利保护方面也受到了欧洲区域组织一定的影响，这主要表现在两个方面。一是为了加入欧盟而接受了

---

① 张涛：《冷战后波罗的海地区安全关系研究》，硕士学位论文，国防科技大学，2017。

"哥本哈根标准";二是为了更好地融入欧洲,接受并签署了有关少数族群保护的宪章和公约。

欧洲区域组织对于语言及语言使用者的态度是努力保护语言多样性及实现语言使用者基本权利。欧盟前多语言专员莱昂纳德·奥尔班总结欧盟语言规划的基本原则是基于欧洲多样性的共同家园的特点,搭建语言群体间团结与相互理解的桥梁。① 《欧盟基本权利宪章》及《框架公约》均强调了语言多样性的重要性以及保护语言的必要性。《语言宪章》将语言当作保护欧洲文化遗产与欧洲文化多样性的关键因素。在语言使用者的基本权利方面,《框架公约》揭示了维护和增进少数族群权利的基本共识。《语言宪章》虽然强调促进区域或少数族群语言的保护,但事实上这与保护语言的使用群体并无太大的区别。欧洲区域组织对于语言多样性、语言平等的共识显然与国家不言自明的"一国、一语言"的原则相冲突,面对这样的矛盾和冲突,拉脱维亚、斯洛文尼亚与区域组织间的关系在少数族群问题上一直处在忽远忽近、动态变化的过程中。

(一) 欧盟阶段性的促进作用

欧盟对于中东欧候选国在少数族群保护方面的推动作用主要体现在"哥本哈根标准"的执行。候选国在可调和的问题上给予欧盟积极的配合,而在不可调和的问题上,欧盟也给予了候选国适当的"尊重"。

拉脱维亚当局在有限范围内给予了欧盟较为积极的回应。1999 年 3 月《关于拉脱维亚民族和族裔的无限制发展和文化自治权》(On the Unrestricted Development and Right to Cultural Autonomy of Latvia's Nationalities and Ethnic Group) 法律的出台、1999 年 6 月《教育法》修正案的通过以及国内罗姆族权利相关政策的出台均是落实欧盟相关要求的典型案例。《关于拉脱维亚民族和族裔的无限制发展和文化自治权》明确了

---

① 李娟:《欧洲一体化中少数人语言权保护问题研究》,博士学位论文,山东大学,2015。

拉脱维亚的居民不论其国籍如何，均应按国际标准赋予其平等人权。《教育法》修正案要求少数族群教育机构从1999年9月开始执行少数族群教育方案。①

斯洛文尼亚在少数族群权利（语言权利）保护方面以较为完善的法律法规、配套的落实机制、积极的互惠统筹政策的"优等生"表现获得了区域组织的肯定。

在少数族群保护方面，欧盟因对老成员和东扩时期候选国采取双重标准而备受质疑。欧盟老成员对于少数族群保护政策表现出"抗拒"，例如法国作为"资深"的欧盟成员国既未批准《框架公约》，也未批准《语言宪章》。在东扩过程中，欧盟虽然对候选国少数族群权利保护（包括语言权利）提出了要求，但出于历史和现实的考量，欧盟并没有就这个问题给予候选国过多的压力，而后随着中东欧国家的顺利入盟相关事宜也告一段落。

（二）欧洲委员会持续的监督作用

欧洲委员会的宗旨之一是维护人权。欧洲委员会先后出台了世界上第一个致力于保护少数族群、具有法律约束力的区域多边协议——《框架公约》和对于区域少数族群语言保护具有法律拘束力的协定——《语言宪章》。

在少数族群保护方面，斯洛文尼亚对于欧洲区域组织的建议进行了比较积极的回应。在《语言宪章》的监督作用下，斯洛文尼亚针对少数族群语言的保护更为细致且更有针对性。但斯洛文尼亚当局对原联邦国家的少数族群的地位认定采取回避的态度。南联邦时期，虽然联邦政府实行语言平等、尊重文化多样性的政策，各加盟共和国主体民族的语言在联邦层面受到同样的尊重。但事实上，在斯洛文尼亚塞-克语地位

---

① Latvia's Contribution to the Regular Report from the Commission on Latvia's Progress towards Accession-National Progress Report 2000，p. 12，https://www.mfa.gov.lv/en/policy/european-union/history/latvia-and-the-eu-chronology-of-relations#1995，最后访问时间：2019年10月1日。

仍较为突出，这给独立后的斯洛文尼亚民族问题的决策带来了一定的困扰。在欧洲委员会的多次督促下，斯洛文尼亚当局仍在克罗地亚族、塞尔维亚族和波什尼亚克族的地位确认上没有任何让步，这也说明欧洲区域组织作用的局限性。

拉脱维亚遵循"不分种族或民族、平等对待"的原则，分别于2004年和2005年对2001年《劳动法》进行了修正，积极回应《框架公约》咨询委员会的建议。拉脱维亚也按照欧洲委员会的标准推进罗姆族的社会融入、提高族群受教育水平、改善族群生活。2000年，拉脱维亚的部分少数族群居民对姓或名使用的相关规定向国内法院和欧洲人权法院提出申诉。拉脱维亚当局就此事予以了积极回应。2001年9月，拉脱维亚当局通过了有关拉脱维亚语与外国语言文字的拼写规范，并附有7种语言（包括俄语）的姓名拼写具体示例。[1]

区域组织在少数族群保护方面作用较为有限的原因如下。首先，少数族群政策（包括语言政策）以及保护机制均无法直接作用于少数族群本身，都需要通过国家层面将政策和机制落地。换言之，区域组织的软法需要依靠国家的硬法来实现，作用力不直接，因此作用效果有限。其次，区域组织颁布的相关条约或宪章只能约束签署国，主动权仍在各个国家手上。事实上，签署国严重拖延递交报告的情况也说明区域组织的公约约束力度比较有限。最后，无论语言规划还是少数族群保护都属国家内部问题，区域组织在域外形成压力所产生的效力很难达到预期的效果。因此，欧洲区域的少数族群语言权利保护机制虽已建立，但机制的执行效果十分有限，因国而异。

---

[1] 2002 Regular Report from the Commission on Latvia's Progress towards Accession, p. 32, https://www.mfa.gov.lv/en/policy/european-union/history/latvia-and-the-eu-chronology-of-relations#1995，最后访问时间：2019年10月1日。

第二节 拉脱维亚、斯洛文尼亚两国不同少数族群语言权利保障问题

前文回顾了欧洲区域组织少数族群语言权利保障机制，总结了拉脱维亚和斯洛文尼亚两国不同少数族群语言权利保障特点。本节主要对比两国对不同少数族群语言权利保护的价值理念、四个维度中少数族群语言权利保障规划效果，探究语言权利保障规划机制存在的问题。

一 两国对不同少数族群语言权利保护的价值理念各有侧重

价值理念问题是少数族群权利保护的深层次问题。基于不同的价值理念会产生不同的政策和立法，继而产生不同的实践效果。[①] 目前，少数族群语言权利保护的共识尚未全面达成，欧洲区域、各国实践以及有关的评述反映出权利的义务主体对于语言权利保护的价值理念各有侧重。

（一）效率为上的共同价值理念

学界对于语言权利保护的基本原则有不同的理解，其中关于语言权利保护方面的积极行动可能会带来经济上的沉重负担和程序上的繁杂的声音一直都在。考尔默指出，尽管语言权利保护在语言同质性较高的富裕国家是可行的，但对于语言多样性程度相对较高的穷国来说，保护语言权利完全不现实。各国应对保护少数族群语言可能付出的经济代价有明确的认识。[②] 区域或国家的实践以及相关讨论也体现出相似的态度。2003 年，欧盟内部与翻译相关的费用约 6 亿欧元。欧盟东扩后的 2008

[①] 周少青：《少数民族权利保护的价值理念问题》，《世界民族》2011 年第 5 期，第 1~10 页。
[②] 郭友旭：《语言权利的法理》，云南大学出版社，2010，第 200 页。

年，翻译总支出已经高达 10 亿欧元。① 欧盟内部实施的成员国语言平等的政策带来的持续增加的高昂翻译费用引发了一些争议。

无论是学界的探讨、区域实践引发的争议及不同主体相关规定都传递出效率至上的理念，甚至有学者认为最有效率的语言权利制度安排是采用使用人口最多的那种语言作为官方语言。② 如果以效率为上作为基本理念，独立后的拉脱维亚的通用语应该是俄语，爱尔兰的第一官方语言不是爱尔兰语而是英语。

拉脱维亚和斯洛文尼亚在宪法或部门法中并没有明确地传递出效率为上的理念，但在其实践中显现了这样的倾向。拉脱维亚《语言法》第十节第二款规定：只有以官方语言提交的申请，公共行政机构才可接受和审查。拉脱维亚当局在《框架公约》第三轮国家报告中对这项规定进行了补充：在少数民族人口比例较高（high share of national minority）的城市，地方政府可以为不掌握国语的居民提供免费的口译服务。斯洛文尼亚于 1994 年、1995 年通过了有关地方自治的新法规，各自治区对本地区的事务实行自治管理。虽然斯洛文尼亚境内匈牙利族和意大利族的人数较少，但聚集程度较高。从国家的角度来看，聚集程度较高更有利于规划的实施，区域自治的方式使得资源的分配更加高效，也更易于保障效果的实现。

（二）均持有不同少数族群区别对待的理念

对比两国对于不同少数族群语言权利保护的规定和具体实践，可发现两国对于不同少数族群体均体现了差别对待的态度。拉脱维亚的具体做法体现在以下两点。一是拉脱维亚在批准《框架公约》时，将"少数民族"（national minorities）界定为在文化、宗教或语言上与拉脱维亚族不同的拉脱维亚公民。虽然拉脱维亚解释非公民的少数族群也可以

---

① 田鹏：《集体认同视角下的欧盟语言政策研究》，博士学位论文，上海外国语大学，2010，第 96 页。
② 郭友旭：《语言权利的法理》，云南大学出版社，2010，第 201 页。

享有相关的权益，但是，欧洲委员会咨询委员会在建议书中强调"许多领域的非公民与公民的待遇有所不同"①。二是拉脱维亚在《框架公约》国家报告中对于罗姆族权利保障方面的内容介绍较为丰富全面，却较少提及俄罗斯族保护的相关具体措施。斯洛文尼亚当局在此方面体现的差异性更为显著，主要表现为以下三点。一是《语言宪章》的国家报告中有关本土匈牙利族、意大利族和罗姆族语言权利保障内容极为丰富，但涉及塞尔维亚族、克罗地亚族、波什尼亚克族的相关内容比较有限。二是斯洛文尼亚当局强调国家认定的本土少数族群适用于《框架公约》。欧洲委员会咨询委员会针对此问题指出"本土"的定义会带来法律上不确定的因素。现实中，斯洛文尼亚负责保护少数族群的大多数政府机构在做法上仍然存在着"本土""久居"和"非本土""非久居"的区别。② 三是斯洛文尼亚语言权利保障机制的四个维度中，不同少数族群的语言地位以及在公共领域的使用范围等存在较为显著的差异，国家认定的本土少数族群所能获得的权益及享有的资源要优于其他少数族群。

（三）倾向于消极语言权利保障的坚持和积极语言权利保障的尝试

长期以来，有关语言的问题属性、权利属性和资源属性的争论不断。一些具有根深蒂固语言问题观的国家在制定语言规划时的目的是解决语言给社会带来的问题，如语言沟通问题、语言压力、语言濒危等。如果国家把语言看作影响交际和社会和睦的问题，便会致力于语言统一，实施单语制度的语言规划。

在少数族群语言权利保障方面，拉脱维亚《教育法》的连续多次

---

① 郭友旭：《语言权利的法理》，云南大学出版社，2010，第3页。
② Fourth Report Submitted by Slovenia Pursuant to Article 25 Paragraph 2 of the Framework Convention for the Protection of National Minorities，https://www.coe.int/en/web/minorities/Slovenia，最后访问时间：2019年11月15日。

修订、国内少数族群语言逐步退回到微观语言环境的现实、边界性极强的入籍政策等已在某种程度上影响了少数族群与主体民族本来就很薄弱的关系。拉脱维亚宪法法院收到多份有关1998年《教育法》及2004年《教育法》过渡法案中部分条款违反法律面前人人平等原则的申诉书。申请人声称，《教育法》修订的部分条款会对个人的权利和合法利益造成不利影响。但宪法法院给出的回应是：相关的条款规定未侵犯个人身份和文化权利，有争议的规定更有利于社会的融合。拉脱维亚宪法法院的做法体现了以公共利益或以国家利益为核心的理念，而忽视个体或族群的具体利益或个别利益。拉脱维亚在教育领域、司法领域以及行政领域的政策或做法都表现出了一定程度的消极的态度。

斯洛文尼亚对于本土匈牙利族、意大利族语言的保护框架非常清晰。国家立法层面明确语言地位，即在本土匈牙利族、意大利族少数族群自治区内本土匈牙利族、意大利族语言与斯洛文尼亚语具有同等的官方地位，辅之以《民族区域自治法》《意大利和匈牙利族群在教育领域的特别权利法》等具体的法律条款进行保障。少数族群自治区内，教育、文化、司法、行政、媒体等中观语言生活中，中央政府与地方各行政部门协力，树立少数族群语言权利保护的典范。2002年欧盟委员会评估报告中指出，斯洛文尼亚在少数族群保护方面总体表现良好，尤其是在对匈牙利族和意大利族的保护方面。

（四）倾向于互惠、合作的共赢模式和坚持国内事务他国无权干涉的态度

由于历史或现实原因，形成了同一民族分布在不同国家的形态，这就造成民族问题也成为影响国家关系的重要因素。20世纪，中东欧地区经历了领土分割、民族迁徙之后，各国的族群问题呈现出域外性的特点，这一特点也不可避免地影响国家间关系。从现代国家内政不容干预的基本准则来说，族群问题毫无疑问属于所在国的内政事务，他国无权干涉。因此，基于本国历史、地缘关系、民族组成等因素，在少数族群

保护合作方面各国采取的具体措施也不尽相同。

斯洛文尼亚当局主要以互惠作为基本原则进行少数族群保护的跨境合作。第一，在法律文本中明确了保护他国斯洛文尼亚族权益的原则。斯洛文尼亚宪法第5条指出，斯洛文尼亚应对居住在其他国家的斯洛文尼亚族、斯洛文尼亚族裔和在他国工作的斯洛文尼亚人保持关切，并增进他们与母国的联系。[①] 第二，设立专门机构负责落实宪法的规定。斯洛文尼亚主要负责民族事务的部门是民族事务署。该署在民族事务、侨务事务以及外交事务中发挥了重要的作用。第三，建立了与他国良好的合作机制。独立后的斯洛文尼亚通过互惠的方式，对意大利境内的斯洛文尼亚族裔给予了一定程度的保护。事实上，斯洛文尼亚和意大利在少数族群权利保护问题上的双边合作并非一帆风顺的。20世纪90年代，斯洛文尼亚与意大利拟定缔结一份关于斯洛文尼亚境内意大利族裔权利保护的谅解备忘录，但斯洛文尼亚拒绝签署该备忘录，原因是意大利拒绝承担保护意大利境内斯洛文尼亚族裔这一相对等的义务。直到意大利政府换届后，两国才开始加强在文化和教育方面的合作。1992年11月6日，斯洛文尼亚与匈牙利缔结了一项双边条约，以保护匈牙利境内的斯洛文尼亚族和斯洛文尼亚境内的匈牙利族。该条约具体规定了双方在语言、教育、文化、媒体、经济等方面的合作内容。1992年12月1日，两国缔结了一项《友好合作条约》。该条约第16条赋予斯洛文尼亚的匈牙利族和匈牙利境内的斯洛文尼亚族在私人和公共生活中使用母语，以母语传播、交换和接收信息的权利，从而确保两类群体完全平等地拥有法律赋予的人权。1994年2月7日，斯洛文尼亚与克罗地亚签署了《斯洛文尼亚共和国政府与克罗地亚共和国政府文化和教育合作协议》。该协议提出，两国将分别在公立学校组织斯洛文尼亚语和克罗地亚语的教学。2002年9月4日，斯洛文尼亚与奥地利签署了教育领域合作议定书。该议定书第15条主要针对居住在斯洛文尼亚境内使用德语的少数

---

① 朱福惠、邵自红主编《世界各国宪法文本汇编（欧洲卷）》，厦门大学出版社，2013，第512~524页。

族群在文化、教育和研究方面的权益保护。互惠、合作方式是斯洛文尼亚保障族群权利行之有效的方式之一。

回顾拉脱维亚与俄罗斯两国的交往，两国在少数族群问题上鲜有积极合作。《俄罗斯联邦外交政策构想总则》中提到了睦邻合作的意愿，但前提是必须保护俄语居民的权利。[①] 拉脱维亚与俄罗斯在拉脱维亚境内俄罗斯族保护问题上冲突不断，俄罗斯境内拉脱维亚族的数量很少，拉脱维亚对于俄罗斯有关拉脱维亚俄罗斯族非公民入籍等问题所发表的言论十分抵触，因此在有关少数族群权益保护方面，两国几乎没有任何合作。

二 两国不同少数族群语言权利保障规划效果对比分析

南联邦时期，中央政府的语言规划强调塞-克语、斯洛文尼亚语及马其顿语三种语言的平等地位。中观语言环境中教育、媒体、司法等领域实行"多中心语言"的平等模式，但实则是以塞-克语为主要通用语。独立后，斯洛文尼亚当局延续对本土匈牙利族、意大利族、罗姆族高级别的保障，但对原联邦国家的少数族群的保护呈现与国家认定的本土少数族群保护较大的差异性。苏联时期，拉脱维亚政治、经济、文化等各个方面都受限于中央政府，呈现出语言规划行为主体"超国家体"的特征。国内语言群体承受着来自俄语的同化压力，甚至部分拉脱维亚人转用俄语作为自己的第一语言。恢复独立后，拉脱维亚对于语言多样性持支持的态度，对于欧洲区域组织在少数族群保护方面的意见和建议也给予了回应。但总体而言，少数族群仅仅受到消极语言权利保障，即各少数族群在私人领域使用族群语言的权利不受到任何干涉，但公共领域中各族群的语言使用受到一定程度的限制。

---

① 孔田平：《冷战后俄罗斯的中东欧政策及其影响》，社会科学文献出版社，2018，第5~6页。

（一）法律地位的高低有别

两国均在宪法中明确规定语言平等、不得基于语言等因素歧视任何人的原则。两国基于本国的历史、地缘关系、民族组成等因素考虑，对于不同少数族群法律地位的规划高低有别。

有关本土少数族群的法律地位，斯洛文尼亚本土匈牙利族、意大利族的法律地位是最高级别的。意大利语或匈牙利语在少数族群自治区内分别与国语具有同等的官方地位，这属于积极的权利保护。

有关原联邦国家的少数族群的法律地位，目前对于少数族群语言权利保护，拉脱维亚宪法和《语言法》明确规定不得基于语言歧视任何人的原则及语言平等的原则。宪法中虽有积极态度的表述，但尚未将积极的主旨在配套的部门法中进行解读，也未在实践中充分体现。致力于进一步扩大国语在教育领域使用范围的《教育法》也仅说明在私人教育机构中少数族群可以族群语言接受教育。总体来讲，拉脱维亚当局对于原联邦国家的少数族群的态度主要体现为尊重但鲜有支持。虽然南联邦时期中央政府推行语言平等、尊重文化多元化的相关政策，但事实上，塞-克语强势的地位仍较为突出，这给独立后的斯洛文尼亚当局有关民族问题的决策带来了一定的困扰。即便在欧洲委员会多次督促的情形下，斯洛文尼亚当局仍在克罗地亚族、塞尔维亚族和波什尼亚克族的地位确认上没有让步。斯洛文尼亚对于原联邦国家的少数族群语言权利的保护基于宪法规定的所有公民普遍拥有的民族和文化权利，体现尊重的态度但未提及促进的意向，属于消极语言权利保护。

有关罗姆族的法律地位，两国虽然都明确了罗姆族的法律地位，但形式和内容都有所不同。斯洛文尼亚既明确了土著罗姆族的最高法律地位，也出台了《罗姆族法案》规定其具体权益。拉脱维亚仅在法律条款中体现了对罗姆族尊重的态度。

（二）教育领域整合方式与同化方式

少数族群使用者能够以族群语言接受教育，被认为是族群语言得以延续和发展的关键因素之一，也是少数族群权利的重要体现。中观环境中，语言权利保障最关键的领域是教育领域。该领域的有限性体现为一种语言使用的扩张势必挤压其他语言使用的范围，此消彼长的趋势甚至威胁到一些语言的存在。

整合被认为是不同群体间形成一系列共同特征。同化意味着不同群体间主观和客观上区别性特征的消失。整合是增进式的，同化是减损式的。减损式教学中，教学用语是强势语言或官方语言而不是少数族群语言。少数族群学习强势语言或官方语言是以牺牲母语为代价的。增进式教学中，教学用语是少数族群语言。少数族群将强势语言或官方语言作为第二语言学习。

拉脱维亚在进行了30年大刀阔斧的教育改革后，少数民族学校被视为少数族群语言在教育领域最后的阵地。当局针对少数民族学校的国语教学也多次采取了策略性调整措施。国语作为教学语言的课程数量增加、国语作为教学用语从高年级阶段向低年级阶段过渡等，都体现了从增进式教学向减损式教学模式的转变，是逐步同化方式的体现。

2001年4月25日，斯洛文尼亚当局出台的《意大利和匈牙利族群在教育领域的特别权利法》规范匈牙利族，意大利族自治区的学前、小学和中学教育以及职业技术教育模式。匈牙利族和意大利族自治区教育领域采取的教育模式为：双语教学模式及"母语+国语作为第二语言"教学模式。这两种模式均属于增进式教学，为少数族群语言的延续和发展提供了最扎实的保障。斯洛文尼亚当局为罗姆族量身定制了从初级教育到高等教育的教学规划。为了更好地进行罗姆语教学，斯洛文尼亚已经开展罗姆族语言书面化工作。原联邦国家的少数族群被斯洛文尼亚当局认定为非本土少数族群，故其语言无法作为主要教育媒介语在公共教育领域使用。当局对于其他少数族群在教育上的支持主要依靠国家间在教育方面的合作。由此可以推断，斯洛文尼亚在教育领域采取的方式是区域性整合方式。

（三）司法行政领域基本的保障

两国对于少数族群语言在司法、行政领域的使用均有相关的规定。斯洛文尼亚当局对于不同少数族群语言使用的保障主要根据宪法、《罗姆族法案》、《民族区域自治法》以及《法院诉讼法》、《民事诉讼法》等的相关规定。拉脱维亚对于语言使用的规定零散地分布在司法、行政领域等的部门法中。

2015 年斯洛文尼亚当局出台的《执行 2015~2018 年双语政策条例的措施方案》规定："少数族群当事方在诉讼中拥有获得意大利语和匈牙利语翻译服务的相关权利。"[1] 斯洛文尼亚当局在少数民族自治区内给予了匈牙利语、意大利语与官方语言同等的地位，并在司法、行政领域等的部门法中明确两种语言使用的具体场景。在非少数民族自治区，因公共资源有限，少数族群担心因自己的语言诉求被贴上"麻烦制造者"的标签等原因，对少数族群语言的使用仍很有限。

拉脱维亚当局认可在司法程序中，在司法人员判决、当事人陈述、质证、辩护等环节为少数族群提供翻译服务的规范。但拉脱维亚《语言法》规定司法系统中法院以及相关机构的工作语言、文件用语必须使用国语。拉脱维亚《刑事诉讼法》第 11 条规定，除特殊情况外，刑事诉讼应以官方语言进行。在执行程序性诉讼时，若辩护人、受害者及其代理人、证人等中的一方无法使用国语，该方有权使用所能理解的语言，并有权免费获得口译员的协助。[2] 拉脱维亚《语言法》规定，火灾、事故或其他紧急情况下可使用外语进行紧急求助。拉脱维亚在宪法中明确地方政府的工作语言为拉脱维亚语，因此当局在司法行政领域对

---

[1] Fifth Report Submitted by Slovenia Pursuant to Article 25 Paragraph 2 of the Framework Convention for the Protection of National Minorities, p. 14, https://www.coe.int/en/web/minorities/latvia, 最后访问时间：2019 年 11 月 15 日。

[2] Third Report Submitted by Latvia Pursuant to Article 25 Paragraph 2 of the Framework Convention for the Protection of National Minorities, p. 34, https://www.coe.int/en/web/minorities/latvia, 最后访问时间：2019 年 11 月 15 日。

于少数族群的语言使用权仅提供了最基本的保障。

对比两国情况，司法行政领域的实践均体现了对少数族群语言最基本的保障。事实上，少数族群个体成员对于身份的顾虑，族群成员对法律条款或内容的不熟知，族群成员对于自己所拥有权益的不明确，以及其他实践中诸多的不便因素均造成现实与法律文本的规定仍有一定的差距。

（四）媒体领域象征性保障与实际性保障

在媒体领域，斯洛文尼亚当局主要根据《广播和电视法》的相关规定，拉脱维亚当局主要依据《电子大众传媒法》，两国均给予了少数族群一定程度上的支持。

斯洛文尼亚当局在匈牙利族和意大利族创办媒体频道及内容制作资金方面给予了一定支持。但在过去的十年，因斯洛文尼亚广播电视台资金和人员编制都有所减少，从而影响到两族广播电视节目的制作和播放。与此同时，两族代表对未来是否能够继续参与到节目制作的决策中也有所担忧。斯洛文尼亚当局对于其他少数族群语言媒体节目的支持力度各有差异。2013~2015 年，由政府资助的德语节目由 2 个增加到 11 个。塞尔维亚语节目《广播学生》（Radio Študent）也制作完成。部分少数族群语言类节目因缺乏素材和资金上的支持而依赖邻国媒体节目的输送。

目前，拉脱维亚媒体领域中仍执行拉脱维亚语和俄语平行的双媒体系统制度。在两个系统中，新闻、社会评论及政治观点上经常有很大分歧。拉脱维亚当局深知媒体在社会融合中发挥的重要作用，担心活跃度较高的少数族群语言及多样化的新闻内容可能会极大地影响少数族群的社会归属感，[1] 因此当局制定了广播节目内容配额制度。为了强制执行

---

[1] Advisory Committee on the Framework Convention for the Protection of National Minorities-Third Opinion on Latvia, p. 33, https://www.coe.int/en/web/minorities/latvia, 最后访问时间：2019 年 11 月 15 日。

广播节目的内容配额制度，2014年当局通过了《行政违法法》修正案，将违反许可条款的最高罚款从2100欧元提高到10000欧元。2016年的拉脱维亚《电子大众传媒法》修正案限制了国外制作广播节目的内容比例。这一系列政策的出台主要影响了俄罗斯族群体。欧洲委员会对此表示：拉脱维亚当局的处罚性措施向少数语言群体特别是俄语群体发出了消极（negative）信息。欧洲委员会咨询委员会认为，尽管在公共媒体上宣传国语是合理的做法，但前提是已为以少数族群语言进行广播的节目提供了充分的支持。事实上，拉脱维亚现行立法中一些规定和相关实践也违反了《框架公约》的相关条款，例如过度"插手"私人广播公司业务，设定了媒体领域少数族群的准入限制等。[①] 尽管如此，2006~2010年使用俄语以及其他少数族群语言播放的广播和电视的小时数波动不大，其中广播中俄语节目播放的小时数有所增加。拉脱维亚当局考虑到俄罗斯族人口数量比较大，因此在节目的比例以及节目播出时间等方面体现了限制性支持的态度。

斯洛文尼亚境内各少数族群的数量较少，使用德语的人数约2000人。虽然媒体节目数量上尚可，但质量和内容上更多体现了象征性意义。拉脱维亚境内俄语媒体节目需求量较大，拉脱维亚当局也给予了一定的支持。但探究深层次的原因，当局未必是以保护少数族群语言或发扬族群文化为初衷，更多的是担心如不能满足俄罗斯族该方面的诉求，俄罗斯族群体更倾向于从他国获得俄语节目，而国外媒体节目的质量以及内容的"正确性"对当局而言均无法保障。总而言之，两国均在一定程度上保障了少数族群在媒体领域的权利，但支持力度仍有差距，体现了象征性保障和实际性保障的区别。

---

① Advisory Committee on the Framework Convention for the Protection of National Minorities-Third Opinion on Latvia, p.32, https://www.coe.int/en/web/minorities/latvia, 最后访问时间：2019年11月15日。

三　语言权利保障规划机制存在的问题

（一）规划行为主体单一导致权利保障群体和范围限定化

语言权利保障规划机制的行为主体是国家，行为的方式和目的是通过立法及行政行为来贯彻行为主体对语言所持有的根本态度和政治理念。

1974 年《南斯拉夫社会主义联邦共和国宪法》规定了本土意大利族、匈牙利族及罗姆族的法定权利，并明确原则上只有国家认定的本土少数族群才有资格享受特别的权利。《框架公约》咨询委员会曾指出这种概念的划分会造成法律上的不确定性并提出了相关的建议，但斯洛文尼亚大多数政府机构仍然存在着对"本土"和"非本土"及"久居"和"非久居"族群进行区别对待的做法。《语言宪章》并未明确指出哪些语言应受到保护，只要求区域性或少数族群语言的概念界定须根据事实并由各缔约国确认。2002 年，斯洛文尼亚境内的意大利族和匈牙利族总占比为 0.43%，塞尔维亚族、克罗地亚族、波什尼亚克族总占比为 4.89%，[1] 而斯洛文尼亚当局未将上述三个少数族群列为应保护群体。拉脱维亚因未签署和批准《语言宪章》，故无法获得官方认可的需保护的少数族群语言名单，但拉脱维亚将除国语外的所有语言均列为外语，在《框架公约》国家报告中侧重了对罗姆族群体及语言保护相关政策和机制的介绍，但未涉及对于其他少数族群的较为详细的保护措施。

传统的由国家规划的语言生活主要涵盖宏观和中观语言生活。微观语言生活属于居民的私人空间，一旦介入则有侵犯人权的嫌疑。对居住在他国但仍使用本国国语或官方语言的群体的语言生活也不适合介入。斯洛文尼亚对于在他国的斯洛文尼亚族的保护主要采取互惠政策。拉脱维亚对于俄罗斯发表的有关拉脱维亚俄罗斯族非公民的入籍等问题的言

---

[1] 2002 年的斯洛文尼亚人口普查中有 10% 的居民并没有申报自己的民族。

论十分抵触。国家是语言权利保护的主要义务主体，故其在选择哪些少数族群及语言进行保护方面有绝对的话语权，规划的范围也仅限定在国家边界范围内。

（二）规划行为主体规划理念单一

公共利益被认为是多元利益的合成而族群或族群的个体被视为具体利益和个别利益的代表。事实上，国家作为公共利益的代表，可能忽视具体利益或个别利益。

经过30年的拉脱维亚语国语地位确立，拉脱维亚境内的俄罗斯族已经拥有了学习国语必要性的意识。拉脱维亚社会融合的趋势及现实的需要激起少数族群尤其是青年人学习国语的能动性，部分少数族群年轻人正朝着双语使用者转变。目前，拉脱维亚的大部分俄罗斯族人是20世纪40年代移民的第三代或第四代，社会的不断融合慢慢地弱化了族群间的差异。根据负责实施国家语言政策的拉脱维亚语言署（Latvian Language Agency）2009年的调查数据，母语为俄语的居民中有75%可以掌握拉脱维亚语，在17~25岁的青年俄语使用者中，94%的使用者可以较为熟练地掌握拉脱维亚语，[①] 这说明拉脱维亚俄罗斯族使用国语的人数逐年增加。但拉脱维亚当局仍认为国语依旧处于竞争环境（competitive circumstances）中，如将语言的选择权留给个人，少数族群成员更偏爱使用其母语。[②] 因此，拉脱维亚仍坚持稳固国语地位及扩大国语使用范围的原则，并未松动。

（三）规划机制的单向度

目前，少数族群语言权利保障主要通过语言规划机制来实现。语言

[①] Gunta Klava, Language Situation in Latvia 2004 - 2010, Latvian Language Agency, 2011, pp. 20-21.

[②] Comments of the Government of Latvia on the First Opinion of the Advisory Committee on the Implementation of the Framework Convention for the Protection of National Minorities by Latvia, https://www.coe.int/en/web/minorities/latvia，最后访问时间：2019年11月15日。

规划基于带有强制性的法律法规，依靠国家权威及自上而下的、单一单向的机制运行。传统的语言规划的参与者是拥有权力和权威的人，他们通常很少或者根本不与最终的语言学习者和使用者协商。①

拉脱维亚国家语言中心是负责监督民众在正常交往中是否遵守使用拉脱维亚语的相关要求的机构。自2009年以来，国家语言中心对不遵守拉脱维亚语使用要求的民众的制裁数量大大增多，并且提高了最高罚款额。拉脱维亚宪法法院对于有关《教育法》的申诉也未做出积极的回应。独立后，斯洛文尼亚的少数族群中使用塞-克语的人口居多。②1991年，斯洛文尼亚教育部将塞-克语从中小学必修课中删除，而后，塞-克语在部分学校作为选修课开设。斯洛文尼亚宪法规定组成国民议会的90名代表中有匈牙利族和意大利族代表各1名，但无其他少数族群代表人数的具体规定。在罗姆族的聚集区，市政议会中必有1名罗姆族代表。原联邦国家的少数族群未被官方认定为享有一定特殊权利的少数族群，因此斯洛文尼亚没有成立相关族群自治社区，议会中也没有为相关族群保留专门议员的名额。少数族群基本上被排除在政策的决策和执行程序之外，他们既不是政策制定的参与者也不是决策者或执行者。部分少数族群对于相关权利（语言权利）的诉求无法通过有效的渠道与当局进行良好的磋商和沟通。

显然，自上而下单向度的运行机制忽视了语言使用者的态度以及语言群体对于族群语言权利的诉求，国家或政府掌握着大部分的语言规划决策权，因此自上而下的规划机制呈现出静态、单向度的特点。

第三节　少数族群语言权利保障之完善

语言作为交流的工具具有排他性的特征。有限的公共空间内，多语

---

① 〔美〕罗伯特·卡普兰、理查德·巴尔道夫：《语言规划——从实践到理论》，郭龙生译，商务印书馆，2019，第208页。
② 使用塞尔维亚-克罗地亚语的少数族群包括塞尔维亚族、克罗地亚族、波什尼亚克族和黑山族。

言并存的事实势必造成有些语言占据主导地位，而其他语言只能处于从属地位。现代化背景下，国家通用语带来交流的便捷和沟通效率的提高是毋庸置疑的。因此，要求国家为所有族群语言提供同等的资源保障是不现实的，但语言权利的保障为少数族群语言的生存和发展提供了可能性，为保持语言多样性提供了途径，我们反对的是通过语言同化等手段强行加快语言的消亡，强行割裂语言与族群间纽带的方式或做法。

通过分析，我们发现民族国家建构过程中，国家在改善少数族群语言权利状况方面做出了一些努力，也取得了一些效果，但少数族群语言权利基本原则尚未达成共识，法律保护框架及规划保障机制中存在诸多问题。因此，笔者认为应该明确语言权利保障的基本原则，充分了解少数族群的语言权利状况，完善语言权利保护的相关法律框架，从语言治理观出发探索语言权利保障的路径。

一　明确少数族群语言权利保障的基本原则

（一）坚持平等的基本原则

20世纪中叶，各国家、各地区在面对世界人民所经历的悲惨命运之时，都渴望着世界和平的到来，同时也深刻地反思人类的处境和少数民族所处的困境。在联合国的不断努力下，一系列保护少数族群的公约、宣言以及相关的国际文件相继颁布或出台。《联合国宪章》中虽未提及少数族群权利（语言权利）保护，但在多项条款中强调平等的重要性。1948年的《世界人权宣言》和1949年的《国家权利义务宣言草案》分别通过多项条款诠释了"人人生而平等，不分种族、肤色、语言等"这一理念，奠定了人权保护的国际基础，使得人权保障成为国际共识。

无论是个体还是群体间的平等都是最基本的社会准则。语言伴随着人类的发展早于其他如政治、民族、阶级等标签。语言权利保障是通过政治、法律体制来实现语言之间的平等。

（二）明晰语言原生性的重要性

语言与族群间最重要的关系是原生关系。语言原生主义认为族群语言深深根植在每一个族群成员的精神生活中，族群语言情结可以带来忧患与共的情感，具有一定的政治动员力。苏联试图通过俄语的推广建立联邦认同，南联邦试图通过平等的语言政策建立各个加盟共和国公民对于联邦的认同，但都以失败告终。族群对母语本能的原生情感不同于对其他语言的工具性的认识。一味追求语言统一并采取强制性的措施无助于增进族群间的互信，相互尊重才是王道。

（三）树立积极语言权利保护的意识

消极权利被马克斯·范·德尔·斯窦定义为"享有人权时不受歧视的权利"，而积极权利则指"通过自由追求他们少数民族生活的独特方面——通常是文化、宗教和语言，从而得到以维持和扩展身份的权利"。[①] 消极的语言权利是指保护少数群体的语言不受歧视和避免承受不公之害，体现为不作为的特性。消极语言权利的保护对于少数族群来讲是远远不够的，尤其对于没有母国的少数族群，国家的忽视或不作为的态度无疑是雪上加霜。普帕瓦茨认为世界上大多数地方基本已经实现消极语言权利。[②]

《欧洲人权公约》和《欧洲社会宪章》是欧洲地区保护消极语言权利的区域性文件。积极的语言权利是关于语言"促进"（promotion）的，涉及以少数族群语言为媒介语的教育、司法行政、大众传媒等公共事业的积极措施。欧洲地区保护积极语言权利的文件以《框架公约》和《语言宪章》为代表。《语言宪章》承认："考虑到目前欧洲历史形成的一些区域性或少数族群语言的弱势地位……仅仅禁止对其使用者的

[①] 〔美〕托马斯·李圣托编著《语言政策导论：理论与方法》，何莲珍等译，商务印书馆，2016，第 274 页。

[②] Vanessa Pupavac, *Language Rights: From Free Speech to Linguistic Governance*, Hampshire: Palgrave Macmillan, 2012.

歧视是不充分的保障。"① 欧洲区域的公约或宪章大都规定了国家的积极义务。

基于前文的分析，发现单靠国家的消极不作为是难以保障语言公平的，国家应更多采取积极有为的措施。拉脱维亚和斯洛文尼亚在区域组织的推动下逐步从消极语言权利保护向积极语言权利保护过渡。拉脱维亚宪法中明确了少数族群成员保护和发展语言及文化特征的权利。拉脱维亚对于少数族群语言的关切主要体现在少数族群使用国语以及通过学习国语促进社会融合等方面。但对于少数族群本族群语言的保护力度非常有限，地方政府的用语必须是拉脱维亚语的规定无疑对于少数族群的语言生存空间造成了严重的挤压。基于目前的情况，拉脱维亚处在从消极语言权利保护到积极语言权利的过渡阶段。斯洛文尼亚的立法及实践则比较符合欧洲乃至世界少数族群语言权利保障的趋势。

国际及区域组织在少数族群语言权利保障方面的理念趋于积极的权利保护，各国也应树立积极语言权利保护的意识，更好地促进少数族群权益的实现。

二 完善语言权利保障的相关法律框架

较高的法定地位或完善的法律保护框架可以改善族群的地位、生存条件，给予少数族群较高级别的权利保障。国家宪法中有关某族群语言权利的规定代表着国家对该少数族群语言合法使用的认可和最高级别的保护。目前，拉脱维亚和斯洛文尼亚的语言权利保护的相关法律框架都存在一些问题，对此本书提出以下建议。

第一，应制定一部有关少数族群语言文字保护的法律，做到真正的有法可依、有法可循。宪法和《民族区域自治法》对少数族群权利（语言权利）的规定多是原则性、制度性的，缺乏一定的可操作性。拉

---

① 《语言宪章》"解释性报告"第 27 段。

脱维亚的《语言法》和斯洛文尼亚的《斯洛文尼亚语公共使用法案》是关于通用语言文字的相关法律，实施的主要目的是确立国语地位，确定国语的适用范围。目前，两国并没有出台有关少数族群文字保护的法律法规，少数族群的语言权利保障主要依据教育、司法、行政等领域的具体法律。教育领域，两国的《教育法》《职业教育法》等都没有明确提到少数族群（除斯洛文尼亚的意大利族、匈牙利族和罗姆族外）语言教育的问题。司法、行政领域，《刑事诉讼法》中含有公民使用本族群语言权利的相关规定，但没有制定如果不尊重、不遵守或侵犯公民这项权利的具体制裁措施。一般来说，完整的法律规范应当包括行为规范以及违反行为规范的法律后果，如果法律规范只有行为规范内容，而没有违反行为规范的制裁后果，势必影响法律规范的权威和实效。

实际上，相关的国际条约对于少数族裔的语言权利的保护已有明确的规定。联合国《公民权利和政治权利国际公约》第27条规定："在那些存在着人种的、宗教的或语言的少数人的国家中，不得否认这种少数人同他们的集团中的其他成员共同享有自己的文化、信奉和实行自己的宗教或使用自己的语言的权利。"[①] 根据以上国际立法的规定，国家在制定少数族群语言文字相关法律时，应该尊重个人权利与自由，尊重少数族群成员尤其在公共领域中使用本族群语言的权利，体现出积极保护少数族群语言的鲜明态度。相关法律不仅要进一步明确少数族群语言文字的地位，明确少数族群语言在具体的教育阶段可作为教育媒介语使用，确定少数族群语言在司法、行政、媒体领域的具体使用场景，也应明确相关的责任条款。

第二，建立完善的协商机制和参与机制。权利的申诉指当权利主体的权利受到侵害时，个体或集体可以通过司法诉讼、行政复议等方式使侵害造成的后果得以弥补。语言权利的申诉可以在少数族群权利保护框架下实现，但两国并没有出台少数族群权利保护的专门法律法规。两国

---

① 朱晓青、柳华文：《〈公民权利和政治权利国际公约〉及其实施机制》，中国社会科学出版社，2003。

境内的俄罗斯族和罗姆族曾通过联合国人权事务委员会、欧洲人权法院等就个人语言权利进行过申诉，并得到了较好的反馈。以个体身份申诉，需要极大的动力。以集体身份申诉，涉及代表的资格问题以及被侵犯的权利是否可以认定为集体权利。各个国家有关语言权利属于个体权利或是族群权利的规定有所不同，《拉脱维亚共和国宪法》中表述为少数族群有权保护和发展本民族语言，而斯洛文尼亚则强调语言权利的个体属性。从现状看，在有关语言权利保障的基本原则和理念尚未统一的情况下，建立完善合理的语言权利申诉机制仍需时日。因此，可以从协商机制和参与机制的建立着手。语言权利的义务主体可以邀请少数族群参与到与其利益相关的决策中，充分了解个体或族群语言使用状况，以期相关的决策或规定可以满足多元的语言权利诉求。面对复杂的语言问题以及诸多的不确定性，语言权利方面的具体问题可以通过协商机制进行解决。在协商过程中，有争议的双方可以充分沟通，明确个人或集体的利益诉求以及与国家相关的根本利益，增进共识、化解纠纷。

第三，加快区域条约条款的制度内化。一方面，一般来说区域的公约或条约均需转为缔约国的内部法律才能发挥其法律约束力。从国际法的实践来看，对于区域条约的国内法效力，各个条约相关规定不尽相同。《维也纳条约法公约》第 14 条明确规定了几种需经过各缔约国签署并批准的条约类型。绝大多数国际条约会明文规定该条约是否需经过缔约国签署及批准。如相关条约无此规定，原则上条约仍需经缔约国批准后才具有国内法的效力。部分国家国内法规定，某些特定的条约必须经过批准方可生效。如果条约规定需经过国内立法程序批准，则未经批准的区域条约在国内便没有效力。另一方面，相关国际和区域条约的内容大多是框架性的原则性规定，一般来说不具有实践上的可操作性，因此即便缔约国批准了条约，要使得条约的内容在国内真正落地生根产生实效，往往需要缔约国依据条约内容结合本国实际制定更为具体、翔实，具有可操作性的国内法律。

三 建立少数族群语言权利保障的治理机制

治理（governance）一词源于希腊语，意思是引导、监督。有关治理议题的研究始于 20 世纪五六十年代，在七八十年代得到了发展。进入 21 世纪，诸多国家政治变革的重要特征是"多一些治理，少一些统治"。[①]

在治理视阈下，国家权力范围发生改变，政府部门、私有机构管理公共事务的范围界限日益模糊，治理主体呈现多元化等特征。斯托克梳理了各国学者的有关治理概念，其核心观点包括五个方面。一是治理主体既可以是政府，也可以是社会机构和个体行为者。治理对传统的国家和政府权威提出挑战，得到公众认可的公共或私人机构都可成为权力中心。二是治理在解决社会和经济问题过程中，将政府单独承担的责任逐步转移给私有机构或非政府组织，从而国家与社会、公共部门、私人部门的界限呈现出逐渐模糊的趋势。三是治理明确了涉及集体行为的各个社会公共机构之间存在权力依赖，即各个社会公共机构间以及公共机构与政府间需要合作与沟通。四是治理的结果是参与方组成自主的网络，必要时与政府合作，分担政府的行政管理责任。五是政府在公共事务治理中具有做好控制和引导的职责。[②] 治理机制表现出如下的特点。一是治理主体上，除国家或政府外，治理主体还包括社会组织乃至个人，体现了多元共治的理念。二是治理权来源上，政府的管理权来自权力机关的授权，而治理权中的相当一部分由人民直接行使，体现了自治、共治的理念。三是运作模式上，治理的运作模式是复合的、合作的、包容的，而非单向度的、强制的、刚性的。[③]

[①] 薛澜、张帆、武沐瑶：《国家治理体系与治理能力研究——回顾与前瞻》，《公共管理学报》2015 年第 3 期，第 1~2 页。
[②] Gerry Stoker, "Governance as Theory: Five Propositions", *International Social Science Journal*, Vol. 50, No. 155, 1998, pp. 17-28.
[③] 江必新：《推进国家治理体系和治理能力现代化》，《光明日报》2013 年 11 月 15 日，第 1 版。

语言治理的概念十分重要，因为它对广为认可的语言规划提出了许多挑战。在对治理的理解上，它不关注政府权力机构有意的、中央化的策略行为，而是关注实现治理的方式的多样性。下文从治理机制的多元主体、治理机制的双向向度等视角切入，对语言权利保障治理机制进行深入的探讨。

（一）治理机制的多元主体

传统的语言权利保障机制主要通过语言规划实现。大多数传统的语言规划参与者是拥有权力和权威的人。[①] 巴尔道夫等也曾明确指出谁是规划者是语言规划中潜在的一个重要变量。[②] 语言治理是一个复杂而多面的概念，在地方、区域、国家、超国家等不同层面运行。治理体系呈现出权力多中心化的特点，即政府、社区、企业、非政府组织以及个人都是地位平等的治理主体，各自充分发挥着不同的作用，共同进行有效的、有序的治理。每个治理主体在治理过程中都应寻找符合自身特质的治理模式。[③]

作为多元主体重要"一元"的社区或非政府组织也应发挥重要的作用。冷战后，不少非政府组织积极关注少数族群问题，例如欧洲罗姆人权利中心、开放社会研究所等。2006年10月通过的2007~2009年"拉脱维亚的罗姆族"国家计划在改善罗姆族教育和就业境况取得了较大的成效，该计划的设计与实施主要由非政府组织负责。

从20世纪90年代至今，中东欧国家在民主、法制、人权及少数族群保护方面政策的制定或实施都受到"超国家主体"的影响。《欧洲人权公约》《框架公约》《语言宪章》等在各国少数族群权利（语言权

---

① 〔美〕罗伯特·卡普兰、理查德·巴尔道夫：《语言规划——从实践到理论》，郭龙生译，商务印书馆，2019，第208页。
② Richard B. Baldauf, "The Language Situation in American Samoa: Planners Plans and Planning," *Language Newsletter*, Vol. 8, No. 1, 1982, pp. 1-6.
③ John Walsh, "Language Policy and Language Governance: A Case-Study of Irish Language Legislation," *Language Policy*, Vol. 11, No. 4, 2012, pp. 323-341.

利）保障机制建立方面的作用显著。"超国家主体"欧洲委员会和欧盟的"一元"治理作用不容忽视。

根据职能界定，学界关于治理的观点可分为国家中心论和社会中心论。国家中心论的学者虽然认同吸纳社会角色参与到国家治理中，但依然强调政府权力的主导作用；而社会中心论的学者认为政府只是普通的治理参与者，不再以主导者或规制者的身份出现，而其他社会主体则扮演相同的角色。真正的少数族群缺少族群社会精英代表、人口数量较少、文化水平较低，这使得他们表达和争取权益的意愿和主观能动性较低，因此该群体的权利保障主要依靠其他行为主体来实现。2008～2018年，拉脱维亚境内的罗姆族就业率已经大幅度提高。拉脱维亚罗姆族代表大会（The Organization of Latvian Roma Congress）的顺利召开是拉脱维亚提高罗姆族社会自我意识和实施共同战略设想的第一步。虽然罗姆语的词汇极其匮乏，只有1200～2000个词，但斯洛文尼亚一直致力于罗姆语本体规划。事实上，与国家权力发挥力度和辐射范围相比，非政府组织或社区具有一定的局限性，因此国家依旧是少数族群尤其是真正意义上少数族群语言权利保障治理机制重要的"一元"。

少数族群本身也应是语言权利保障中另外一个重要的"一元"。少数族群担负着族群语言延续和发展的重要任务。少数族群要积极地为获得更多的语言资源而努力奋斗、努力发声。目前，罗姆族青年人积极参与国际组织和区域组织，为本族群获得更多的资源和权益而努力。

传统的语言权利保障规划模式中，受限于规划范围的局限性和非直接的规划模式，非政府组织或超国家体的保障作用并没有得到充分的发挥。语言权利保障治理机制需要打破规划机制从上到下垂直型的运作模式，建立多元主体水平的治理框架，促使各主体充分发挥自己职责作用。

（二）治理机制满足多元化语言权利诉求

少数语言群体与强势语言群体之间各自拥有的资源和发展实力的对

比关系是极弱和超强的关系。事实上，以国家政治为目标的规划机制并没有缩小二者之间的差距。① 20 世纪七八十年代，国家角色的失败使得学者开始反思语言规划不应只为政府服务，而应服务于更多的社会群体的利益。遗憾的是学者的反思并没有引起国家的关注。

随着时代的进步，个体的权利意识逐步增强。与语言利益相关的主体不仅包括国家，也包含各族群以及具有共同语言利益的群体的观点越来越明确。无论是"统一下的多元"还是"多元下的统一"，满足利益多元化需求应该在保障机制中有所体现。

本书将少数族群分为真正意义上少数族群、原联邦国家的少数族群和国家认定的本土少数族群，通过分析和对比发现，受社会地位、族群人数、分布特点、族群与主体民族关系等因素的影响，各少数族群基本的利益诉求及语言权利诉求也不尽相同。相对于特定范围内的少数族群，真正意义上的少数族群具有个体力量小、政治和经济上相对处于劣势地位、受教育程度不高、疲于生计、权利意识淡薄、缺少语言本体规划等特点，因此该群体的主要诉求就体现在族群语言本体规划的制定、族群社会融合的加快、受教育程度的提高、社会对其语言文化的认可和尊重等方面。原联邦国家的少数族群具有较为特殊的身份色彩，族群利益诉求趋于集体性，且常被限制性满足，群体诉求很难得到国家的积极回应。族群的主要诉求体现在族群语言受到平等尊重、公共领域族群语言使用范围扩大化、族群诉求得到积极回应等方面。

多元的治理主体对于不同少数族群多元化的语言权利诉求进行深入了解并进行整合，形成具有代表性的价值理念，通过与其他主体的合作与协作，形成有序的动态循环机制，以期更好地保障少数族群的利益。

（三）治理机制从静态的单向向度转为动态的双向向度

语言权利保障的规划机制体现为静态性和强制性，依靠国家权力自

---

① 周庆生：《国家民族构成与语言政策问题》，《语言政策与规划研究》2014 年第 2 期，第 1~12 页。

上而下单向运行。民主化进程为少数族群维护自身权益提供了更多平台。个体可以通过结社以更规范的组织形式表达诉求，个体或集体可以参与社会自治或非政府组织，通过自下而上的方式为促进族群语言和文化发展向当局争取更多资源。20世纪90年代，斯洛文尼亚境内的罗姆族群体开始成立罗姆族非政府组织。目前，斯洛文尼亚罗姆族联盟起到了当局和罗姆族群体之间的纽带、协调员、传声筒的作用。自上而下的单向度规划机制成效有限。如果完全采取自下而上的路径又会造成社会混乱的局面。任何国家或地区的少数族群权利保护均受制于历史、族群迁移、族群结构、疆土的变迁和文化差异等因素，因此简单地选择某个向度的保障途径都有偏颇，只有融合了双向向度的治理机制才更为合理。

语言群体的不同特征、不同语言权益诉求交织产生了复杂的语言关系，而这些复杂的语言关系也随着时代的变迁不断发生动态变化。语言规划机制单一的、静态的、命令式的特点使其无法有效地处理各语言集团间动态语言关系的变化。语言治理体现为政府、非政府组织、社区、族群、个体，通过协商、互动、合作的方式，将自上而下语言规划和自下而上的治理策略有机结合起来，促使少数族群或个人的语言诉求通过水平治理的框架得到满足。语言治理不是单纯的规则和活动，而是在持续的互动协调中不断变化发展的动态过程，旨在满足复杂多元的语言诉求。

经过以上的分析，笔者认为，单语制的语言规划无法实现族群间的平等、无法抹去族群对于族群语言原生性的情感。承认、尊重和保护少数族群语言不失为一种解决方式。语言平等会带来语言和谐和族群间的平等，促进国家的和谐统一。无论从切实满足语言群体多样化的语言诉求、保护语言文化的多样性、维持族群间的和谐共处方面来看，还是从切实保障少数族群语言权利实现方面来看，语言治理模式均是对语言规划模式的丰富和拓展，是可以尝试的新的路径。

结　语

20世纪80年代和90年代民族主义的兴起加速了东欧剧变和苏联解体。两极格局结束后，民族分离主义、泛民族主义等开始蔓延。民族国家建构时期，国家对于民族分离主义的担忧促使其采用确立国语或官方语言的方式构建国家认同。进入21世纪，中东欧各国的制度转型基本完成，少数族群语言权利保障依然是少数族群问题的主要方面。国家应通过尊重少数族群语言、文化及历史建立族群的归属感，促进族群间平等和谐关系的建立，维护语言和文化的多样性，加强少数族群语言权利保障，从而实现国家的和谐统一。

苏联和南联邦解体后，国家内部的少数族群组成都较为复杂，多样的族群组成以及少数族群与主体民族间微妙的关系都使得语言权利问题变得更为复杂。中东欧地区大部分国家具有小国寡民的特性，族群组成复杂，地缘关系错综复杂，面临国家建构以及区域组织关系建立的任务。因此拉脱维亚和斯洛文尼亚两国在少数族群语言权利保障方面的实践揭示了该地区国家实践的特点及问题。

作为苏联加盟共和国的拉脱维亚和作为南联邦6个共和国之一的斯洛文尼亚在族群和语言政策方面长期受到当时中央政府的影响，在相关政策的制定方面受到了一定的限制，无法制定独立的语言规划，总体体现出对于少数族群保护模糊或忽视的态度。拉脱维亚恢复独立以及斯洛文尼亚实现独立后，宏观的族群政策慢慢融入欧盟及欧洲委员会的少数族群保护框架下，对于少数族群权益的保护有了积极的进展，尤其是在罗姆族保护方面。拉脱维亚和斯洛文尼亚已经建立了少数族群权利（语言权利）保障的基本制度框架，对于不同少数族群保障的侧重点体现在如下几个方面。第一，两国在保障理念上均宣称对于语言多样性的认同，但在实践中却凸显了"一国、一语言"的思想。斯洛文尼亚在确定国语的实践中体现了尊重少数族群语言权利、提供有限支持的理念。拉脱维亚当局一直秉承着确立国语地位、推广国语使用的原则，通过国语的推广使用促进少数族群社会融合的理念一直很坚定，公开限制地方当局中非国语的使用。第二，对于不同少数族群语言权利保障持有区别对待的理念。一是对本土及非本土少数族群、少数族群公民及非公民的少数族群差异对待；二是对原联邦国家的少数族群语言权利呈现出消极保护的态度，即不承认原联邦国家的少数族群具有区域性或传统性的特征，倾向于将该群体身份认定为移民身份，将族群语言认定为外语或不将其列为保护语言名单，较少或几乎不与原联邦国家在少数族群保护方面开展积极的合作；三是对国家认定的本土少数族群语言权利呈现出有限的积极促进态度，即法律上给予高级别地位，以互惠为基本原则进行少数族群保护的跨境合作；四是对真正意义上的少数族群呈现出象征性积极促进的态度，即设立专门机构负责落实宪法的规定，出台和实施多项罗姆族社会融合的项目并给予一定力度的推广。生活困窘、受教育水平较低的罗姆族对于生活和就业等最基本诉求得到保障的需求更为迫切。在社会融合项目的开展过程中，在罗姆族群改变或隐藏自身特性或特质主动融合到主体人群中，可见社会融合项目在保护罗姆族权益上形式大于内容。

拉脱维亚、斯洛文尼亚在语言权利保障方面采取了具有实践性的国家举措，其语言权利保障规划机制实践效果也值得探讨。第一，两国对本土和真正意义上的少数族群语言权利保障积极促进的态度体现了程度上的差异，即法律地位上高低有别、教育领域适用范围的广泛或狭窄。第二，教育领域积极促进的方式也很难改变中等、高等教育阶段少数族群语言地位慢慢衰落的现状。斯洛文尼亚的意大利族和匈牙利族自治区多集中在欠发达的边境地区,族群个体为了获取更好的生活、教育、工作机会,在高阶段的教育中更倾向于加强对国语的学习。虽然斯洛文尼亚在罗姆族教育方面制定了从幼儿园到高等教育阶段全流程的教学计划,但现实中少数族群迫于升学及日后的就业现实,进入中学后使用母语的学习者数量便急速下降。第三,两国在司法行政和大众传媒领域对语言权利的保障均维持在较低的水平。司法行政领域少数族群语言使用的诸多限制性条件,媒体领域少数族群语言类节目质量一般以及传播的范围较窄等现实都体现了族群语言保护的象征性意义大于实用意义。本书尝试分析语言权利保障规划机制效果不够良好的原因,即语言权利保障规划机制行为主体理念单一、单向度的运行机制以及语言权利保障群体和范围限定化,这些均影响了保障的有效实现。

少数族群语言权利与语言的生存与发展、语言的公正、族群内情感的维系、族群间的平等息息相关。少数族群语言权利保障的重要性毋庸置疑,有效地保护少数族群语言权益可以从以下几点着手。首先,少数族群语言权利保障需要国家和社会对权利保障内在价值的普遍认同,即坚持平等的原则、树立积极的语言权利保护意识。其次,从法律法规上进行调整,建立更加健全的国家语言权利保障法律体系。具体措施包括两个方面。一是立法方面,应制定少数族群语言文字相关的法律;二是行政措施方面,应设立由个人、非政府组织等多主体参与的语言权利保障机构,制定完善的少数族群语言权利协商与参与机制。最后,从权利保障机制上进行完善,建立少数族群语言权利保障的治理机制。这体现在如下几个方面。一是体现为多元的治理主体,即少数族群事务治理逐渐多元化,引入与权利保障相关的多元主体参与共同治理;二是体现为双向的运行向度,即自上而下与自下而上的模式相结合,充分了解不同的少数族群多元利益诉求,特别是在法律法规尚未健全时,真正给予不同少数族群更加切合实际的保障;三是体现为多元的治理方式,即通过多渠道丰富信息的多样性,以期多元治理主体间相互协调、配合解决少数族群语言权利保障的实际问题。

  总之,语言是族群最重要的标志,语言权利是族群最重要的权利之一。切实加强对少数族群语言权利的保障是少数族群生存、延续和发展的必备条件之一,是维护国家和社会稳定的重要手段,同时对于保护和促进语言文化多样性,保持语言生态健康具有重要意义。毋庸讳言,语言权利保障是一个复杂且漫长的过程。回顾来时路,道路虽然曲折,但方向依旧是上扬的。随着国家的进步,公民权利意识的日益增强,少数族群语言权利保障必将得到社会、国家以及国际社会的普遍认同并获得更加充分的保障。

附录一

《欧洲区域或少数群体语言宪章》全文[①]

序言

我们——欧洲委员会各缔约成员国，

鉴于欧洲委员会的宗旨是在其成员国之中促成更大程度的统一，以维护和实现各国视为共同遗产的思想和原则；

鉴于保护欧洲具有悠久历史的区域或少数群体语言有助于保持和发展欧洲的文化财富和传统，而其中有些语言已濒临灭绝；

鉴于在私人和公共生活中使用区域或少数群体语言是一种不可剥夺的权利，而这一权利符合联合国《公民权利和政治权利国际公约》的原则和《欧洲保护人权与基本自由公约》的精神；

注意到在欧洲安全与合作组织框架下所开展的工作，特别是1975年的《赫尔辛基最后文件》以及1990年通过的《哥本哈根会议文件》；

[①] 简称《宪章》。本翻译文本主要参考以下两篇译文，特此致谢。〔瑞士〕弗朗索瓦·格兰：《语言政策评估与〈欧洲区域或小族语言宪章〉》，何山华译，外语教学与研究出版社，2020；郭友旭：《欧洲地区性或少数群体语言宪章》，载孙青友、王允武主编《民族法学评论》（第九卷），民族出版社，2013。

强调跨文化交际和语言多样化的价值，同时考虑到对区域或少数群体语言的保护和鼓励，不应损害官方语言的地位或降低学习官方语言的必要性；

意识到在欧洲不同国家和地区保护和推行区域或少数群体语言有助于在国家主权和领土完整的框架下，基于民主与多元文化的原则共同建设欧洲；

考虑到欧洲国家不同地区的具体情况和历史传统，

在此形成如下决议：

第一节　总则

第一条　定义

根据本《宪章》之目的，作如下定义：

第一款　区域或少数群体语言具有如下特征：

第1项　传统上在一国境内特定地区使用，其使用人数在全国人口中占少数。

第2项　区别于该国官方语言。该概念既不包括该国官方语言的方言变体，也不包括移民的语言。

第二款　"区域或少数群体语言的使用属地"是一个地理范围，其中使用相关语言作为交流工具的人数达到足够多的程度，足以证明应为其提供本《宪章》规定的各种保护和推行措施。

第三款　"非属地语言"是指该国部分国民使用且区别于该国其他人口的语言，这些语言虽然传统上就在该国领土内使用，但没有专属该语言的特定使用地区。

第二条　承诺

第一款　各方保证，对于其境内符合第一条定义的区域或少数群体语言，均按第二节诸条款实施。

第二款 在根据第三条规定批准、接受或承认本《宪章》过程中确定的语言，各方承诺将从本《宪章》第三节各条款中选择至少 35 款（或项、目）予以施行，其中需从第八条和第十二条中至少选三款（或项、目），从第九条、第十条、第十一条和第十三条中至少各选一款（或项、目）。

第三条　实施细则

第一款 各缔约国应在其批准、接受或承认本《宪章》的文件中，明确列出适用于第二条第二款规定的各区域或少数群体语言，或者在全国或部分地区使用较少的官方语言。

第二款 任何一方，在批准、接受或承认本《宪章》之后的任何时间内，均可知会秘书长，追加履行之前文件中未提及的条款义务；也可将本条第一款应用于其他区域或少数群体语言，或其他在全国或部分地区较少使用的官方语言。

第三款 上款涉及的承诺，将被认为是构成批准、接受或承认行为的一个必要部分，自知会秘书长之日起即具有与前述文件相同的效力。

第四条　现有保护机制

第一款 本《宪章》中所有内容均不得解释成限制或背离《欧洲人权公约》所保障的种种权利。

第二款 本《宪章》诸条款不应影响各缔约方国内法规和双边或多边协定中现有的为区域或少数群体语言地位提供更为有利条件的条款，或为少数群体语言群体成员提供更为有利的司法保护机制。

第五条　现有义务

本《宪章》所有内容，均不可解释成赋权从事任何活动或采取任何行为来违反《联合国宪章》之目的，或者违反包括维护国家主权和领土完整在内的国际法中的其他义务。

第六条　通告

各方承诺，务必将本《宪章》规定的权利和义务通告有关当局、组织和个人。

第二节　目的与原则，依据第二条第一款

第七条　目的与原则

第一款　关于区域或少数群体语言，在使用该语言的地区内，根据每种语言的情况，各方应依据以下目的和原则来确定其政策、立法和实践。

第 1 项　承认区域或少数群体语言是文化财富的一种形式。

第 2 项　尊重各区域或少数群体语言的地理区域，确保现行或新的行政区域划分不会成为推行上述区域或少数群体语言的障碍。

第 3 项　为了保护区域或少数群体语言，需要采取坚决的推行措施。

第 4 项　在公共与私人生活中，推行并/或鼓励使用区域或少数群体语言，包括口头和书面形式。

第 5 项　在本《宪章》所涵盖的诸领域中，保持并发展区域或少数群体语言群体与本国使用相同或相似语言的群体之间的联系，与国内使用其他不同的群体建立文化关系。

第 6 项　在所有适当的教育阶段提供教授与学习区域或少数群体语言的适当方式和手段。

第 7 项　对于居住在使用某种区域或少数群体语言地区但不会说该语言者，如果愿意学习该语言，则应为其提供便利。

第 8 项　在大学或相同层次的其他机构，促进对区域或少数群体语言的学习和研究。

第 9 项　在本《宪章》涵盖的诸领域内，对于两国或多国使用相同或相似语言的区域或少数群体语言群体，提倡开展适当形式的跨国交流。

第二款 各方承诺消除任何对区域或少数群体语言使用可能作出的不合理的区分、排斥、限制或偏废，消除阻挡或危害该语言保持和发展的企图。为了促进区域或少数群体语言使用者与其他语言使用者的平等地位或者因其特殊条件而采取的有利于区域或少数群体语言的特别措施（即正面差别待遇），不应被看作一种歧视行为。

第三款 各方承诺，通过适当的措施，促进该国所有语言群体之间的相互理解，特别是在国家所提供的教育和培训中纳入对区域或少数群体语言尊重、理解和宽容的内容，鼓励大众传媒也来追求这共同的目标。

第四款 各方在制定其区域或少数群体语言政策时，应考虑相关语言群体所表达的需要与愿望。各方可成立相关机构，就区域或少数群体语言的所有相关事务向当局提供咨询建议。

第五款 各方承诺，经必要的修改后，将上述第一款至第四款的原则用于各非属地语言。然而，就所涉及的语言来说，应以灵活的方式来决定本《宪章》中各措施的实施方式与适用范围，牢记有关语言群体的需要、愿望，并尊重其传统和特色。

第三节 在公共生活中推行区域或少数群体语言的措施，依据第二条第二款

第八条 教育

第一款 在教育领域，根据每种语言的情况，在不损害本国官方语言教学的情况下，各方承诺在使用这些语言的地区内：

第1项

（1）学前教育使用区域或少数群体语言教学；或

（2）大部分学前教育使用区域或少数群体语言教学；或

（3）在确有家长要求且学生人数足够的情况下，实施上述第1目和第2目中的至少一个；或

（4）如公共当局在学前教育领域无直接权限，则应赞成并/或鼓励

实施上述第 1 目至第 3 目提出的措施。

第 2 项

（1）小学教育使用区域或少数群体语言教学；或

（2）大部分小学教育使用区域或少数群体语言教学；或

（3）小学教育将区域或少数群体语言作为一门课开设；或

（4）在确有家长要求且学生人数足够的情况下，实施上述第 1 目至第 3 目中的至少一个。

第 3 项

（1）中等教育使用区域或少数群体语言教学；或

（2）大部分中等教育使用区域或少数群体语言教学；或

（3）中等教育将区域或少数群体语言作为一门课开设；或

（4）在确有家长要求且学生人数足够的情况下，实施上述第 1 目至第 3 目中的至少一个。

第 4 项

（1）技术与职业教育使用区域或少数群体语言教学；或

（2）大部分技术与职业教育使用区域或少数群体语言教学；或

（3）技术与职业教育将区域或少数群体语言的教学作为课程计划的一个必要组成部分；或

（4）在确有家长要求且学生人数足够的情况下，实施上述第 1 目至第 3 目中的至少一个。

第 5 项

（1）大学教育或其他高等教育使用区域或少数群体语言教学；或

（2）在大学教育或其他高等教育中，为开设学习区域或少数群体语言的课程提供便利；或

（3）如果受国家与高等教育机构之间的关系所限，无法实施本项第 1 目和第 2 目，则应鼓励并/或允许规定大学或其他形式的高等教育使用区域或少数群体语言，或为开设学习区域或少数群体语言的课程提供便利。

第 6 项

（1）在成人教育与继续教育中，安排全部或部分课程使用区域或少数群体语言教学；或

（2）在成人教育与继续教育中，提供区域或少数群体语言教学的课程；或

（3）如果公共当局在成人教育领域无直接权限，则应提倡并/或鼓励在成人教育与继续教育中提供区域或少数群体语言教学的课程。

第 7 项 作出安排，以确保教学体现区域或少数群体语言所反映的历史和文化。

第 8 项 对于实施上述第 1 项至第 7 项中教育内容的教师，提供基本培训和后续培训。

第 9 项 建立一个或多个监督机构，负责监控开展或推进区域或少数群体语言教学的措施和进展，定期起草调查报告并公开发布。

第二款 在教育领域，除了传统上使用区域或少数群体语言的地区之外，各方承诺，如果使用区域或少数群体语言的人数足够多，将在所有合适的教育阶段，允许、鼓励或提供使用区域或少数群体语言开展的教学，或提供区域或少数群体语言学习课程。

第九条　司法机关

第一款 在使用区域或少数群体语言的居民人数足够多的司法辖区内，根据每种语言情况，如法官认为提供本款规定的便利条件不会妨碍正常司法管理工作，各方承诺：

第 1 项 在刑事诉讼中：

（1）如当事人请求，使用区域或少数群体语言开展诉讼工作；并且/或

（2）确保被告享有使用其区域或少数群体语言的权利；并且/或

（3）书面或口头的请求和证词，不得在无其他原因的情况下，只因其使用区域或少数群体语言而不予采纳；并且/或

（4）根据请求，使用区域或少数群体语言提供与诉讼程序相关的材料，如有必要可使用口译和笔译但不得让相关人员负担额外费用。

第 2 项　在民事诉讼中：

（1）如当事人请求，使用区域或少数群体语言开展诉讼工作；并且/或

（2）允许诉讼当事人本人出庭时使用其区域或少数群体语言，且无须负担额外费用；并且/或

（3）允许使用区域或少数群体语言来书写文件和证词，如有需要可使用口译或笔译。

第 3 项　在行政事务诉讼中：

（1）如当事一方请求，使用区域或少数群体语言开展诉讼工作；并且/或

（2）允许诉讼当事人本人出庭时使用其区域或少数群体语言，且无须负担额外费用；并且/或

（3）允许使用区域或少数群体语言来书写文件和证词，如有需要可使用口译或笔译。

第 4 项　采取行动确保上述第 2 项和第 3 项中第 1 目和第 3 目的实施，以及任何根据需要开展的口译和笔译活动，无须相关人负担额外费用。

第二款　各方承诺：

第 1 项　对于国内拟定的法律文件，不得在无其他原因的情况下，只因其是使用区域或少数群体语言起草的，就否定这些文件的效力。或

第 2 项　对于国内各方之间签订的法律文件，不得在无其他原因的情况下，只因其是使用区域或少数群体语言起草的，就否定这些文件的效力；如有第三方不是区域或少数群体语言使用者，但已被告知区域或少数群体语言法律文件的内容，则可援引上述文件对其提起诉讼。或

第 3 项　对于国内各方之间签订的法律文件，不得在无其他原因的情况下，只因其是使用区域或少数群体语言起草的，就否定这些文件的效力。

第三款 各方承诺，对于国家最重要的法律文本，特别是那些与区域或少数群体语言使用者有关的法令，如尚无相关语言的版本，国家应予以提供。

第十条 行政机关与公共服务

第一款 在使用区域或少数群体语言的居民达到足够人数的行政辖区内，根据每种语言的情况，各方承诺尽可能做到：

第1项

（1）确保行政机关使用区域或少数群体语言；或

（2）确保其负责与公众联系的工作人员如接触对象使用区域或少数群体语言，则也使用相应语言；或

（3）确保使用区域或少数群体语言的人可用该语言提出口头或书面申请，并能得到用该语言作出的答复；或

（4）确保使用区域或少数群体语言的人可用该语言提出口头或书面申请；或

（5）确保使用区域或少数群体语言的人可以有效地提交用该语言书写的文件。

第2项 对于使用较广的行政文本和表格，提供区域或少数群体语言版本或双语版本。

第3项 允许行政机关使用区域或少数群体语言起草文件。

第二款 如使用区域或少数群体语言的居民达到足够人数，地方和地区行政机关可采取如下措施，各方承诺允许和/或鼓励：

第1项 在地方或地区当局机构内使用区域或少数群体语言。

第2项 使用区域或少数群体语言的人能用该语言提出口头或书面申请。

第3项 地区当局的官方文件也用有关的区域或少数群体语言发布。

第4项 地方当局的官方文件也用有关的区域或少数群体语言

发布。

第 5 项　在不禁止使用该国官方语言的前提下，地区当局在集会讨论中使用区域或少数群体语言。

第 6 项　在不禁止使用该国官方语言的前提下，地方当局在集会讨论中使用区域或少数群体语言。

第 7 项　对于区域或少数群体语言地名，使用或采用其传统的、正确的形式，如有必要可同时使用官方语言。

第三款　由行政机关或其代理方提供的公共服务，各方承诺，在使用区域或少数群体语言的地区内，根据每种语言的状况，如情况允许，尽可能：

第 1 项　确保使用区域或少数群体语言提供服务。或

第 2 项　允许使用区域或少数群体语言的人用其语言提出申请，并得到该语言的答复。

第 3 项　允许使用区域或少数群体语言的人用其语言提出申请。

第四款　为将第一款至第三款的项、目付诸实施，各方承诺采取下述措施之一项或多项：

第 1 项　应相关要求，提供口译或笔译。

第 2 项　招聘所需的官员和其他公共事业人员，如有必要，对他们进行培训。

第 3 项　对于掌握区域或少数群体语言的公共事业人员，尽量满足他们的要求将其安排到使用相关语言的地区。

第五款　各方承诺，应有关人员的要求，允许使用或采用区域或少数群体语言的姓氏。

第十一条　媒体

第一款　各方承诺，在尊重媒体独立自主原则的前提下，在使用区域或少数群体语言的地区，基于每种语言的情况，公共当局可以直接或间接地对媒体领域施加影响：

第 1 项　在广播电视履行公共服务的范围内：

（1）确保至少创立一个广播台和一个电视频道使用区域或少数群体语言；

（2）鼓励并/或支持至少创立一个广播台和一个电视频道使用区域或少数群体语言；或

（3）充分支持，以便广播公司提供区域或少数群体语言节目。

第 2 项

（1）鼓励并/或促进至少创立一个使用区域或少数群体语言的广播台；或

（2）鼓励并/或促进播送区域或少数群体语言的固定广播节目。

第 3 项

（1）鼓励并/或促进至少创立一个使用区域或少数群体语言的电视频道；或

（2）鼓励并/或促进播送区域或少数群体语言的固定电视节目。

第 4 项　鼓励并/或支持制作和发行区域或少数群体语言的音像作品。

第 5 项

（1）鼓励并/或支持创办并/或维持至少一种使用区域或少数群体语言的报纸；

（2）鼓励并/或支持定期在报纸上使用区域或少数群体语言发表文章。

第 6 项

（1）如法律允许向媒体提供经济资助，则为那些使用区域或少数群体语言的媒体承担额外的费用；或

（2）将现有为媒体提供经济资助的措施扩大到使用区域或少数群体语言的音像制品。

第 7 项　支持使用区域或少数群体语言的媒体培训其记者或其他工作人员。

第二款 各方承诺，对于跟区域或少数群体语言相同或相似的邻国语言的广播电视，确保直接收听收看的自由，且不反对二次播送邻国用这种语言播送的广播电视节目。各方进一步承诺，对于跟区域或少数群体语言相同或相似的文字出版物，不得限制其发表和流通的自由。行使上述自由也附带了义务和责任，须接受法律规定的手续、条件、限制或处罚，以维护国家安全、领土完整、公共安全，防止动乱或犯罪，保护健康或道德，保护他人的名誉或权利，防止秘密材料的泄露，维护司法部门的权威与公正。

第三款 各方承诺，保证在依法建立的保障传媒自由与多元化的机构中，区域或少数群体语言使用者有代表参加，或其利益被纳入考虑。

第十二条 文化活动与设施

第一款 关于文化活动和设施，如图书馆、录像馆、文化中心、博物馆、档案馆、学会、影剧院以及文学与电影创作、地方文化表现形式、节日以及文化产业，尤其包括新技术的使用，各方承诺，在使用区域或少数群体语言的属地内，如公共当局在该领域有职责、有权力或有影响，则：

第 1 项 鼓励区域或少数群体语言特有的各种表达和表现方式，为大众接触用这些语言创作的作品建立各种渠道。

第 2 项 通过扶持和发展翻译、配音、录音合成及配字幕等活动，促进用区域或少数群体语言创作的作品译成其他语言。

第 3 项 通过扶持和发展翻译、配音、录音合成及配字幕等活动，促进用其他语言创作的作品译成区域或少数群体语言。

第 4 项 确保那些负责组织或赞助各类文化活动的机构，在其发起的或负责的项目中，提供适当的补贴，支持区域或少数群体语言文化知识及其应用。

第 5 项 采取措施，确保那些负责组织或赞助各类文化活动的机构雇用既精通区域或少数群体语言又精通其他语言的工作人员。

第 6 项　鼓励使用某一区域或少数群体语言的代表直接参与设施建设和文化活动规划事宜。

第 7 项　鼓励并/或促进创建一个或多个实体，负责收集、保藏、介绍、出版用区域或少数群体语言创作的作品。

第 8 项　如有必要，创办并/或推动和资助翻译和术语研究部门，以保持和发展区域或少数群体语言中具有适当的行政、商业、经济、社会、技术或法律术语。

第二款　在传统上使用区域或少数群体语言的地区之外，各方承诺，如果使用区域或少数群体语言的人达到足够数量，则根据前款，允许、鼓励并/或提供适当的文化活动与设施。

第三款　各方承诺，在贯彻其国际文化政策时，为区域或少数群体语言及其反映的文化做出适当的规定。

第十三条　经济与社会生活

第一款　关于经济与社会活动，各方承诺，在整个国家内：

第 1 项　从立法体系中排除任何无正当理由而禁止或限制在经济和社会生活相关文件中使用区域或少数群体语言的规定，特别是技术性文件，包括产品使用说明或安装说明等。

第 2 项　禁止在公司的内部规章和私人文件中插入任何排除或限制使用区域或少数群体语言的条款，至少不得排除或限制区域或少数群体语言使用者之间的使用。

第 3 项　反对蓄意阻碍在经济或社会活动中使用区域或少数群体语言的行为。

第 4 项　采用以上各项规定之外的方法来促进并/或鼓励区域或少数群体语言的使用。

第二款　关于经济与社会活动，各方承诺，公共当局在使用区域或少数群体语言的地区，如情况允许，在其能力范围内：

第 1 项　在金融与银行规章中，通过采取符合商业行为的手续，允许使用区域或少数群体语言制作支付票据（支票、汇票等）或其他金融文件，或在条件合适时确保这些规定的实行。

第 2 项　在其直接控制的经济与社会部门（公共部门）中，组织活动以促进区域或少数群体语言的使用。

第 3 项　确保社会福利设施，如医院、养老院、收容所，在接待因健康不良、年老或其他原因需要照顾的区域或少数群体语言使用者时，能使用他或她自己的语言进行接待和治疗。

第 4 项　通过适当方式，确保安全须知也有区域或少数群体语言版本。

第 5 项　安排公共主管当局用区域或少数群体语言提供关于消费者权利的信息。

第十四条　跨境交流

各方承诺：

第 1 项　如有多个国家以相同或相似方式使用同一语言，各方在履行现有双边和多边协定时，其履约方式应能促进有关国家同一语言使用者之间在文化、教育、信息、职业培训和终身教育领域的交流，必要时可寻求缔结这种协定。

第 2 项　应推进并/或促进国家间合作，特别是那些辖区内以相同或相似形式使用同一语言的区域或地方当局之间的合作。

第四节　宪章的实施

第十五条　定期报告

第一款　各方须按部长委员会规定的形式，定期向欧洲委员会秘书长提交报告，汇报依据本《宪章》第二节及第三节中接受的条款所采取的实际措施。第一份报告须在开始执行本《宪章》后一年内提交，随后每三年递交一份后续报告。

第二款 各方须公开其提交的报告。

第十六条 报告的审查

第一款 依据第十五条向欧洲委员会秘书长提交的报告，须经过依据第十七条所成立的专家委员会的审查。

第二款 缔约方境内依法成立的团体或协会，可以向专家委员会报告本《宪章》第三节中缔约方所承诺条款的执行情况。在与缔约方协商后，专家委员会可将获得的信息纳入下述第三款所规定的报告。这些团体或协会可进一步报告有关该缔约方对第二节条款的执行情况。

第三款 基于本条第一款规定的报告和第二款提到的信息，专家委员会须向部长委员会提交一份报告，该报告须附上各缔约方根据要求作出的反馈，并且可被部长委员会公布。

第四款 本条第三款规定的报告，须包括专家委员会为部长委员会准备的具体建议，供其起草发给一个或多个缔约方的建议书。

第五款 欧洲委员会秘书长须就本《宪章》的实施向议会大会作两年一度的详细报告。

第十七条 专家委员会

第一款 专家委员会由部长委员会从各缔约国推荐名单中选取并任命，每个缔约方派一名成员参加。专家应具有最高的诚信度和公认的能力，足以处理本《宪章》所涉事务。

第二款 专家委员会成员任期六年，可以连任。如有成员不能完成任职期限，须依据本条第一款规定的程序任命接替人员，接替者须完成其前任的任职期限。

第三款 专家委员会须依据程序履行职责。其秘书服务将由欧洲委员会秘书长安排。

第五节　最后条款

第十八条

本《宪章》开放给欧洲委员会各成员国自由签署。各国签署后须对其履行批准、接受和承认程序。批准、接受和承认的文件将送欧洲委员会秘书长保存。

第十九条

第一款　当有五个欧洲委员会成员国依据第十八条的规定，表示同意接受本《宪章》的约束后，待三个月期满，从第四个月的第一天起，本《宪章》开始生效。

第二款　后续表示同意接受本《宪章》约束的成员国，在批准、接受和承认的文件送存秘书长后，待三个月期满，从第四个月的第一天起，本《宪章》开始生效。

第二十条

第一款　本《宪章》生效后，欧洲委员会部长委员会可以邀请任何一个非欧洲委员会成员国加入本《宪章》。

第二款　任何一个加入国，在向欧洲委员会秘书长送存文件三个月期满后，从第四个月的第一天起，本《宪章》开始生效。

第二十一条

第一款　任何一国，在签署宪章时或在送存其批准、接受、承认和加入宪章的文件时，可对本《宪章》第七条第二款至第五款中的一款或多款持保留态度。对其他条款一概不得持保留态度。

第二款　对上述条款持保留态度的任何缔约国，均可向欧洲委员会秘书长发出通知书，全部或部分撤销其保留态度。该撤销操作自通知送达秘书长之日起生效。

第二十二条

第一款 任何缔约方，在任何时候均可向欧洲委员会秘书长发出通知书，退出本《宪章》。

第二款 此类退出声明，在秘书长收到该通知书后，待六个月期满，从第七个月的第一天起生效。

第二十三条

欧洲委员会秘书长须向成员国和任何加入本《宪章》的国家通知下列事项：

第 1 项 签署宪章的行为。

第 2 项 送存批准、接受、承认和加入文件的行为。

第 3 项 依据第十九条和二十条，本《宪章》的生效日期。

第 4 项 收到有关第三条第二款实施的通知。

第 5 项 与本《宪章》有关的其他活动、通知或沟通。

被正式授权签署本《宪章》者签字为证。

本《宪章》于 1992 年 11 月 5 日在斯特拉斯堡定稿，英文文本和法文文本具有同样效力。两种文本合订为一册存于欧洲委员会档案馆。欧洲委员会秘书长将向各成员国和邀请加入本《宪章》的国家送交核准过的副本。

附录二

《欧洲保护少数群体框架公约》全文[①]

欧洲委员会成员国及本框架公约的其他缔约国，

鉴于欧洲委员会的宗旨是在其成员国之中促成更大程度的统一，以维护和实现各国视为共同遗产的思想和原则；

鉴于实现该宗旨的方法之一是保护并进一步实现人权和基本自由；

希望贯彻1993年10月9日在维也纳通过的《欧洲委员会成员国国家和政府首脑宣言》；

决定保护各自领土内少数族群的存在；

鉴于欧洲历史上的大动乱表明保护少数族群对于欧洲大陆的稳定、民主安全与和平至关重要；

鉴于一个多元、真正民主的社会应不仅尊重每一个少数族群人的种族、文化、语言和宗教特性，而且应为他们表达、保持和发展这一特性创造适宜的条件；

鉴于创造一种容忍和交流的气氛对于使文化多样性成为丰富而不是

[①] 简称《框架公约》。本翻译文本主要参考夏敬革、尹航的译文，特此致谢。夏敬革、尹航：《欧洲理事会〈保护少数民族框架公约〉》，《世界民族》1995年第2期。另，"欧洲理事会"应为"欧洲委员会"。

分裂每一个社会的源泉和因素是必要的；

鉴于实现一个容忍、繁荣的欧洲不仅仅依靠国家之间的合作，还需要地方、区域当局之间跨地区的合作，同时不损害每一个国家的宪法和领土完整；

注意到《保护人权和基本自由公约及其议定书》；

注意到联合国的声明和公约及欧洲安全合作会议的文件，特别是1990年6月29日通过的哥本哈根文件中有关保护少数族群的义务；

决定定义所应尊重的原则及源于该原则的义务，以便在成员国和可能成为该公约缔约国内，在法律规定范围内确保有效保护少数族群，保护少数族群成员的权利和自由，同时尊重国家的领土完整和国家主权；

决定通过国家立法和适当的政府政策来实现本框架公约所载之原则；

在此形成如下决议：

第一节

第一条 保护少数族群及其成员的权利和自由构成国际人权保护的一个部分，也属于国际合作的范围。

第二条 本《框架公约》之条款应真诚地、本着理解和容忍之精神予以实施，并符合国家之间睦邻、友好和合作之原则。

第三条

第一款 每一位少数族群成员有权自由选择是被作为少数族群对待还是不被作为少数族群对待，且不应因此种选择或行使与此选择相关的权利而受到损害。

第二款 少数族群成员可单独或在社区中与其他人行使并享受源于本框架公约之规定的权利和自由。

第二节

第四条

第一款 各方同意使少数族群成员享有法律面前人人平等、受法律平等保护的权利。因此，禁止任何由于属于少数族群而产生的歧视。

第二款 各方同意，在必要情况下，采取适当措施促进少数族群成员与主体民族成员在经济、社会、政治、文化生活等所有领域的全面有效的平等。因此，他们应对少数族群成员的具体情况予以应有的考虑。

第三款 依据第二款所采取的措施不应被视作歧视行为。

第五条

第一款 各方同意改善必要条件，以使少数族群成员保持和发展他们的文化，保持其特性的基本要素，即宗教、语言、传统和文化遗产。

第二款 各方不应采取违背少数族群成员的意愿、以对其进行同化为目的的政策及做法，并应保护他们免受任何旨在对其进行同化的行为。这应不损害根据总的统一政策所采取的措施。

第六条

第一款 各方应鼓励容忍精神和文化间交流，并采取有效措施促进所有居住在他们领土上的人之间相互尊重、理解和合作，特别是在教育、文化及传媒等领域，而不应考虑那些人的种族、文化、语言或宗教特性。

第二款 各方同意采取适当措施保护那些由于其种族、文化、语言或宗教特性而可能遭到歧视、敌视或暴力或受到此类行为威胁的人。

第七条 各方保证尊重每一位少数族群成员享有和平集会的自由，结社自由，言论自由，思想、意识和宗教自由的权利。

第八条 各方同意承认每一位少数族群成员享有表明他或她的宗教

或信仰，建立宗教机构、组织和社团的权利。

第九条

第一款 各方同意承认每一位少数族群成员有言论自由的权利。这一权利包括不受公共当局的干涉，不受国界限制而自由持有见解并用少数族群语言接收并传递信息和见解。各方保证在其本国法律体系的框架内使少数族群成员在进入传播媒介方面不受歧视。

第二款 第一款并不妨碍各方要求非歧视地且依据客观标准向良好的广播、电视或电影企业颁发许可证。

第三款 各方不应阻止少数族群成员创造并使用印刷传播媒介。在良好的广播、电视的法律框架中，他们应尽可能并考虑第一款的内容确保赋予少数族群成员创造和使用他们自己的传播媒介的可能性。

第四款 在法律体系框架内，各方应采取适当措施帮助少数族群成员进入传播媒介，以促进容忍并允许文化多元化。

第十条

第一款 各方同意承认每一位少数族群成员有权自由不受干扰地在私下或公共场合，口头或笔头使用他或她的少数族群语言。

第二款 在少数族群成员传统聚居区或相当数量少数族群成员居住的地区，如果少数族群成员提出要求且这一要求符合真正的需要，那么，各方应尽一切努力保证具有使少数族群成员与行政当局交往中有可能使用少数族群语言的条件。

第三款 各方同意保证每一位少数族群成员有权用他或她能懂的语言被立即告知他或她被逮捕的理由、所受指控的性质和原因，并用这一语言为他或她辩护。如有必要将免费提供翻译。

第十一条

第一款 各方同意依据他们法律体系中规定的形式，承认每一位少数族群成员有权用少数族群语言使用他或她的姓（源于父名的姓）和名，且其姓名有权获得官方承认。

第二款　各方同意承认每一位少数族群成员有权用他或她的少数族群语言将符号、铭文及其他具有个人性质的信息展示于公众面前。

第三款　在有相当数量的少数族群成员传统居住的地区，当有充足的要求时，各方应在其法律体系框架内尽一切努力，其中包括在适当情况下与其他国家签订的协议、对具体情况的考虑等，也使用少数族群语言表明传统地名、街道名称和地形指示，以示公众。

第十二条

第一款　在适当情况下，各方应采取措施，在教育和研究领域传递少数族群和主体民族的文化、历史、语言和宗教知识。

第二款　在这一点上，各方应特别在教师培训和获得教科书方面提供适当的机会，并推动不同社区的师生进行接触。

第三款　各方同意推动少数族群成员在受到各级教育方面享有的平等机会。

第十三条

第一款　在他们的教育体系框架内，各方应承认少数族群成员有权建立和管理他们自己的私立教育和培训机构。

第二款　这一权利的行使不应使缔约国承担财政义务。

第十四条

第一款　各方同意承认少数族群成员有学习他或她的少数族群语言的权利。

第二款　在少数族群成员传统聚居地区或有相当数量的少数族群成员居住的地区，如有充分的要求，各方应尽一切努力，在其教育体系框架内，确保少数族群成员有适当的机会被教授少数族群语言或用少数族群语言获得教育。

第三款 实施本条第二款时，不应对学习官方语言或用该语言进行授课造成损害。

第十五条 各方应创造必要条件，以使少数族群成员有效地参加文化、社会、经济生活及公共事务，特别是对其有影响的事务。

第十六条 各方应禁止采取改变少数族群聚居区的人口比例，旨在限制行使本框架公约中所载之权利和自由的措施。

第十七条

第一款 各方同意不妨碍少数族群成员享有跨国界，与合法居住在其他国家，特别是那些与其有共同种族、文化、语言或宗教特征或共同文化遗产的人建立和保持自由和平交往的权利。

第二款 各方同意不妨碍少数族群成员享有参加国内、国际非政府组织活动的权利。

第十八条

第一款 在必要情况下，各方努力与其他国家特别是邻国达成双边或多边协议，以确保对有关少数族群成员的保护。

第二款 在有关情况下，各方应采取措施鼓励跨国界合作。

第十九条 各方同意尊重并实施本《框架公约》中的原则，在必要情况下，仅作出国际法律文书，特别是《欧洲保护人权与基本自由公约》中所规定的限制、限定或部分废除，只要这些限制、限定或部分废除与上述原则所确定的权利和自由相关。

第三节

第二十条 在实施源于本《框架公约》原则的权利与自由时，任何一个少数族群成员都应尊重国家立法和其他人特别是主体民族和其他少数族群成员的权利。

第二十一条　本《框架公约》中的任何条款不得解释为有权参与或进行任何违背国家主权平等、领土完整和政治独立的活动。

第二十二条　本《框架公约》中的任何条款不得解释为限制或部分废除任何缔约国法律或其作为成员国的其他协议中所保证的人权和基本自由。

第二十三条　源于本《框架公约》原则的权利和自由，只要是《欧洲保护人权与基本自由公约》或其议定书相应条款的主题，应予以理解并遵守后者的条款。

第四节

第二十四条

第一款　欧洲委员会部长委员会应监督缔约方执行本《框架公约》的情况。

第二款　非欧洲委员会成员国的缔约方，应根据所要确定的形式参加执行机制。

第二十五条

第一款　就缔约国而言，在本《框架公约》生效一年内，就应把为使本《框架公约》之条款发生效力而采取的立法及其他措施的资料交给欧洲委员会秘书长。

第二款　此后，应定期或应部长委员会要求向秘书长递交有关执行本《框架公约》的进一步材料。

第三款　秘书长应根据此款规定将材料转交部长委员会。

第二十六条

第一款 为评价各方为促使本《框架公约》之原则生效所采取的措施是否适当，部长委员会应得到咨询委员会的协助。咨询委员会成员应在保护少数族群领域具有公认的专长。

第二款 咨询委员会的构成及程序应在本框架公约生效一年内由部长委员会确定。

第五节

第二十七条 本《框架公约》开放给欧洲委员会所有成员国自由签署。直到公约生效之日，本《框架公约》也开放给受部长委员会之邀的其他国家自由签署。各国签署后须对其履行批准、接受和承认程序。批准、接受或承认的文本将送欧洲委员会秘书长保存。

第二十八条

第一款 当十二个欧洲委员会成员国依据第二十七条之规定，表示同意接受本《框架公约》之约束后，待三个月期满，从第四个月的第一天起，本《框架公约》开始生效。

第二款 后续表示同意接受本《框架公约》之约束的成员国，在递交批准、接受和承认的文件后，待三个月期满，从第四个月的第一天起，本《框架公约》开始生效。

第二十九条

第一款 在本《框架公约》生效并与缔约国协商之后，根据欧洲委员会法规第二十条第四款中大多数成员国之决定，欧洲委员会部长委员会可邀请根据本《框架公约》第二十七条之规定被邀签字但尚未签字的非欧洲委员会成员国及其他非成员国加入本公约。

第二款 任何一个加入国，在向欧洲委员会秘书长送存文件三个月期满后，从第四个月的第一天起，本《框架公约》开始生效。

第三十条

第一款 任何国家在签署本《框架公约》或交存其批准、接受、承认或加入文书时，应详细说明本公约将适用的国家负有国际关系责任的领土范围。

第二款 任何国家可在日后通过向欧洲委员会秘书长提交声明，将本《框架公约》适用范围扩大到声明中所述任何其他领域。对于此领域，任何国家在向秘书长送存声明三个月期满后，从第四个月的第一天起，本《框架公约》开始生效。

第三款 对于此声明中所述之任何区域，任何根据上述两款所作的声明均可在通知秘书长后予以撤回。自通知送到秘书长三个月期满后，从第四个月的第一天起，该撤销操作开始生效。

第三十一条

第一款 缔约国可在任何时间通知欧洲委员会秘书长宣布此《框架公约》失效。

第二款 此失效宣告，在秘书长收到通知后，待六个月期满后，从第七个月的第一天起生效。

第三十二条 欧洲委员会秘书长须向欧洲委员会成员国、其他签字国和任何已加入此《框架公约》的国家通知如下事项：

第一款 签署公约的行为；

第二款 送存批准、接受、承认和加入文件的行为；

第三款 依据第二十八、二十九和三十条，本《框架公约》生效日期；

第四款 与本《框架公约》有关的其他法令、通知或来文。

被正式授权签署了本《框架公约》者签字为证。

本《框架公约》于 1995 年 2 月 1 日在斯特拉斯堡定稿，英文文本和法文文本具有同样效力。两种文本合订为一册存于欧洲委员会档案馆。欧洲委员会秘书长将向各成员国和邀请加入本《框架公约》的国家送交核准过的副本。

参考文献

一　中文文献

（一）著作

〔以〕博纳德·斯波斯基:《语言管理》,张治国译,商务印书馆,2016。
陈章太主编《语言规划概论》,商务印书馆,2015。
戴曼纯:《语言政策与二语习得研究》,人民出版社,2021。
〔美〕戴维·约翰逊:《语言政策》,方小兵译,外语教学与研究出版社,2016。
〔英〕丹尼斯·埃杰:《语言规划与语言政策的驱动过程》,吴志杰译,外语教学与研究出版社,2012。
范俊军编译《联合国教科文组织关于保护语言与文化多样性文件汇编》,民族出版社,2006。
方小兵主编《国际语言政策研究前沿》(第一辑),商务印书馆,2022。
〔瑞士〕弗朗索瓦·格兰:《语言政策评估与〈欧洲区域或小族语言宪章〉》,何山华译,外语教学与研究出版社,2020。
郭友旭:《语言权利的法理》,云南大学出版社,2010。
国家语言文字工作委员会组编《世界语言生活状况报告2018》,商务印书馆,2018。

国家语言文字工作委员会组编《世界语言生活状况报告2020》，商务印书馆，2020。

国家语言文字工作委员会组编《世界语言生活状况报告2022》，商务印书馆，2022。

何俊芳、周庆生编著《语言冲突研究》，中央民族大学出版社，2010。

何山华：《中欧三国：国家转型、语言权利与小族语言生存》，商务印书馆，2018。

〔德〕赫蒂根·马迪亚斯：《欧洲法》，张恩民译，法律出版社，2003。

〔英〕吉布森·弗格森：《语言规划与语言教育》，张天伟译，外语教学与研究出版社，2018。

孔田平：《东欧经济改革之路 经济转轨与制度变迁》，广东人民出版社，2003。

孔田平：《冷战后俄罗斯的中东欧政策及其影响》，社会科学文献出版社，2018。

李林等主编《少数人的权利》（上、下），社会科学文献出版社，2010。

刘红婴：《语言法导论》，中国法制出版社，2006。

刘作奎：《欧洲与"一带一路"倡议》，中国社会科学出版社，2019。

陆南泉、朱晓中：《曲折的历程 中东欧卷》，东方出版社，2015。

〔美〕罗伯特·卡普兰、理查德·巴尔道夫：《语言规划：从实践到理论》，郭龙生译，商务印书馆，2019。

〔美〕罗伯特·库珀：《语言规划与社会变迁》，赵守辉、钱立锋译，商务印书馆，2021。

〔英〕米尔恩：《人的权利与人的多样性——人权哲学》，夏勇等译，中国大百科全书出版社，1995。

〔匈〕米克洛什·孔特劳等编《语言：权利和资源——有关语言人权的研究》，李君、满文静译，外语教学与研究出版社，2014。

沈骑：《语言安全和语言规划研究》，复旦大学出版社，2022。

〔英〕苏·赖特：《语言政策与语言规划——从民族主义到全球化》，陈新仁译，商务印书馆，2012。

孙炜：《社会语言学导论》，世界知识出版社，2010。

田德文主编《民族与国家》，社会科学文献出版社，2014。

田鹏：《集体认同视角下的欧盟语言政策研究》，北京大学出版社，2015。

〔美〕托马斯·李圣托：《语言政策导论：理论与方法》，何莲珍等译，商务印书馆，2016。

王辉主编《"一带一路"国家语言状况与语言政策》（第三卷），社会科学文献出版社，2019。

王剑峰：《多维视野中的族群冲突》，民族出版社，2005。

王世凯：《语言政策理论与实践》，中国社会科学出版社，2015。

〔加〕威尔·金里卡：《多元文化公民权——一种关于少数群体的自由主义理论》，杨立峰译，上海译文出版社，2009。

〔加〕威尔·金里卡：《少数的权利——民族主义、多元文化主义与公民》，邓红风译，上海译文出版社，2005。

吴克非主编《语言政策与规划研究》（第九辑），外语教学与研究出版社，2019。

吴双全：《少数人权利的国际保护》，中国社会科学出版社，2010。

肖建飞：《语言权利研究——关于语言的法律政治学》，法律出版社，2012。

杨友孙：《欧盟东扩视野下中东欧少数民族保护问题研究》，江西人民出版社，2010。

〔英〕约翰·约瑟夫：《语言与政治》，林元彪译，外语教学与研究出版社，2018。

张宏莉：《欧亚国家语言状况和语言政策》，社会科学文献出版社，2020。

中国社会科学院民族研究所"少数民族语言政策比较研究"课题组、国家语言文字工作委员会政策法规室编《国家、民族与语言——

语言政策国别研究》，语文出版社，2003。

中国社会科学院民族研究所"少数民族语言政策比较研究"课题组、国家语言文字工作委员会政策法规室编《国外语言政策与语言规划进程》，语文出版社，2001。

周弘主编《欧洲发展报告（2013—2014）欧洲东扩十年：成就、意义和影响》，社会科学文献出版社，2014。

周庆生、王洁、苏金智编《语言与法律研究的新视野》，法律出版社，2003。

周勇：《少数人权利的法理》，社会科学文献出版社，2002。

朱福惠、邵自红主编《世界各国宪法文本汇编（欧洲卷）》，厦门大学出版社，2013。

朱晓中主编《中东欧转型20年》，社会科学文献出版社，2013。

（二）论文

〔俄〕阿列克谢·科热米亚科夫：《〈欧洲区域或少数民族语言宪章〉：保护与促进语言与文化多样性十年记》，周小进译，《国际博物馆》（中文版）2008年第3期。

曹佳、戴曼纯：《罗马尼亚转型后小族语言教育权利研究》，《湖北民族学院学报》（哲学社会科学版）2017年第5期。

陈凤：《波罗的海三国的俄罗斯族政策演变分析》，《当代世界与社会主义》2018第3期。

陈章太：《语言资源与语言问题》，《云南师范大学学报》（哲学社会科学版）2009年第4期。

戴曼纯：《国别语言政策研究的意义及制约因素》，《外语教学》2018年第3期。

戴曼纯、刘润清：《波罗的海国家的语言政策与民族整合》，《俄罗斯中亚东欧研究》2010年第4期。

戴曼纯：《欧盟多语制与机构语言政策》，《语言政策与规划研究》2017

年第 4 期。

戴曼纯:《乌克兰语言规划及制约因素》,《国外社会科学》2012 年第 3 期。

戴曼纯:《语言政策与规划理论构建:超越规划和管理的语言治理》,《云南师范大学学报》(哲学社会科学版) 2021 年第 2 期。

戴曼纯、朱宁燕:《语言民族主义的政治功能——以前南斯拉夫为例》,《欧洲研究》2011 年第 2 期。

戴庆厦、何俊芳:《论母语》,《民族研究》1997 年第 2 期。

范俊军:《少数民族语言危机与语言人权问题》,《贵州民族研究》2006 年第 2 期。

方小兵:《从家庭语言规划到社区语言规划》,《云南师范大学学报》(哲学社会科学版) 2018 年第 6 期。

方小兵:《语言保护的三大着眼点:资源、生态与权利》,《民族翻译》2013 年第 4 期。

冯佳:《近十年国际语言规划和语言政策研究的 CiteSpace 分析》,《中国外语》2014 年第 1 期。

高永久、朱军:《论多民族国家中的民族认同与国家认同》,《民族研究》2010 年第 2 期。

郭龙生:《双语教育与中国语言治理现代化》,《双语教育研究》2015 年第 2 期。

郭熙:《论华语视角下的中国语言规划》,《语文研究》2006 年第 1 期。

郭友旭:《〈世界语言权宣言〉研究》,《云南大学学报》(法学版) 2016 年第 6 期。

郭友旭:《语言权利和少数民族语言权利保障研究》,博士学位论文,中央民族大学,2009。

郝时远:《20 世纪三次民族主义浪潮评析》,《世界民族》1996 年第 3 期。

何山华、戴曼纯:《国外语言普查的技术路径及其管理功能》,《外语电化教学》2022年第6期。

何山华：《放弃母语的权利：语言政策与规划维度的思考》，《语言战略研究》2017年第1期。

黄行：《国家通用语言与少数民族语言法律法规的比较述评》，《语言文字应用》2010年第3期。

康忠德：《民族语言转用博弈：东欧国家语言政策研究》，《前沿》2013年第5期。

李娟：《欧洲一体化中少数人语言权保护问题研究》，博士学位论文，山东大学，2015。

李宇明：《当今人类三大语言话题》，《云南师范大学学报》（哲学社会科学版）2008年第4期。

李宇明：《论母语》，《世界汉语教学》2003年第1期。

李宇明：《论语言生活的层级》，《语言教学与研究》2012年第5期。

李宇明：《区域语言规划与区域发展》，《广州大学学报》（社会科学版）2023年第5期。

李宇明：《语言规划学说略》，《辞书研究》2022年第1期。

李宇明：《语言竞争试说》，《外语教学与研究》2016年第2期。

李宇明：《语言在全球治理中的重要作用》，《外语界》2018年第5期。

廖敏文：《〈欧洲保护少数民族框架公约〉评述》，《民族研究》2004年第5期。

刘长珍：《从单语主义到多语主义的转变——印度语言政策研究》，博士学位论文，北京外国语大学，2015。

刘海涛：《国家安全视域下的语言问题》，《中国外语》2021年第6期。

刘海涛：《语言规划的动机分析》，《北华大学学报》（社会科学版）2007年第4期。

刘敏茹：《中东欧国家少数民族政策中的欧盟建构因素》，《当代世界与社会主义》2010年第2期。

刘晓波、战菊：《澳大利亚语言政策的发展变迁及其动机分析》，《东北师大学报》（哲学社会科学版）2013年第6期。

鲁子问：《国家治理视野的语言政策》，《社会主义研究》2008年第6期。

栾爱峰：《地缘政治视角下我国西北跨界民族问题研究——以哈萨克族为例》，博士学位论文，中央民族大学，2010。

纳日碧力戈：《关于语言人类学》，《民族语文》2002年第5期。

《欧洲理事会〈保护少数民族框架公约〉》，夏敬革、尹航译，《世界民族》1995年第2期。

沈骑、曹新宇：《全球治理视域下中国国家外语能力建设的范式转型》，《外语界》2019年第6期。

沈骑：《全球语言治理研究的范式变迁与基本任务》，《语言文字应用》2021年第3期。

沈骑：《语言在全球治理中的安全价值》，《当代外语研究》2020年第2期。

沈骑、赵丹：《全球治理视域下的国家语言能力规划》，《云南师范大学学报》（哲学社会科学版）2020年第3期。

孙高峰：《少数人权利研究》，博士学位论文，武汉大学，2013。

田鹏：《集体认同视角下的欧盟语言政策研究》，博士学位论文，上海外国语大学，2010。

田鹏：《语言政策与国家认同：原苏联民族语言政策的失误与思考》，《俄罗斯东欧中亚研究》2013年第1期。

妥洪岩、田兵：《社会学视域下的美国语言治理解读》，《武汉理工大学学报》（社会科学版）2015年第6期。

王春辉：《当代世界的语言格局》，《语言战略研究》2016年第4期。

王春辉：《论语言与国家治理》，《云南师范大学学报》（哲学社会科学版）2020年第3期。

王辉：《国家语言治理能力及其理论建构》，《陕西师范大学学报》（哲学社会科学版）2022年第4期。

王静：《多语言的欧盟及其少数民族语言政策》，《内蒙古大学学报》（哲学社会科学版）2013年第2期。

吴玉军、刘娟娟：《国家认同视域下的苏联解体原因探析及启示》，《南通大学学报》（社会科学版）2018年第5期。

肖建飞：《语言权利产生的背景及其法定化》，《法制与社会发展》2010年第1期。

肖建飞：《语言权利的立法表述及其相反概念》，《中央民族大学学报》（哲学社会科学版）2012年第3期。

薛澜、张帆、武沐瑶：《国家治理体系与治理能力研究——回顾与前瞻》，《公共管理学报》2015年第3期。

杨晓畅：《浅论个体语言权及其立法保护》，《学术交流》2005年第10期。

杨艳丽：《语言改革与苏联的解体》，《世界民族》1998年第4期。

杨友孙、卢文娟：《非政府组织在加强少数民族事务工作中的作用——以欧洲罗姆人非政府组织为例》，《世界民族》2019年第5期。

杨友孙：《欧盟少数民族保护理念的发展脉络及评价》，《世界民族》2012年第5期。

杨友孙：《中东欧国家促进少数民族"社会融入"政策及评估》，《俄罗斯学刊》2013年第4期。

杨友孙：《中东欧九国"2005—2015罗姆人融合十年倡议"的初期实施及其得失》，《世界民族》2008年第5期。

尹悦：《认同视角下的韩国语言政策研究》，博士学位论文，上海外国语大学，2017。

张淳：《语言权与英语国家语言政策的多元化趋势》，《湖北社会科学》2012年第3期。

张海洋：《在开放中守护传统——斯洛文尼亚的民族和民族工作》，《世界民族》2001年第6期。

张慧霞：《国际人权法视野下少数族群权利保护研究》，博士学位论文，中国社会科学院研究生院，2011。

张日培：《提升语言治理能力》，《语言文字周报》2017年第1期。

张日培：《治理理论视角下的语言规划——对"和谐语言生活"建设中政府作为的思考》，《语言文字应用》2009年第3期。

张涛：《论少数民族语言权的行政法保护机制》，《贵州民族研究》2019年第3期。

张治国：《对语言管理中几个问题的思考》，《外语学刊》2020年第3期。

赵留、赵蓉晖：《国家安全中的语言安全化：以俄罗斯为例》，《俄罗斯东欧中亚研究》2023年第2期。

周朝虹：《当代俄罗斯语言政策研究（1991—2015）》，博士学位论文，北京外国语大学，2016。

周庆生：《国家民族构成与语言政策问题》，《语言政策与规划研究》2014年第2期。

周庆生：《一种立法模式 两种政治结果——魁北克与爱沙尼亚语言立法比较》，《世界民族》1999年第2期。

周庆生：《语言规划发展及微观语言规划》，《北华大学学报》（社会科学版）2010年第6期。

周少青：《少数民族权利保护的价值理念问题》，《世界民族》2011年第5期。

周晓梅：《欧盟语言多元化战略对中国少数民族语言教育的启示》，《贵州民族研究》2012年第1期。

朱晓明、孙友晋：《现当代欧洲罗姆人问题探析》，《俄罗斯研究》2013年第3期。

庄晨燕：《〈欧洲区域或少数民族语言宪章〉与法国多样性治理：对西方选举政治的反思》，《世界民族》2018年第5期。

左宏愿：《现代国家构建中的族群冲突与制度调控研究》，博士学位论文，南开大学，2013。

二 外文文献

（一）著作

Bernard Spolsky, *Language Policy*, New York: Cambridge University Press, 2004.

Bernd Rechel, *Minority Rights in Central and Eastern Europe*, New York: Routledge, 2009.

E. Glyn Lewis, *Multilingualism in the Soviet Union*, The Hague: Mouton, 1972.

Elana Shohamy, *Language Policy: Hidden Agendas and New Approaches*, London: Routledge, 2006.

Farimah Daftary and Francois Grin (eds.), *National-building, Ethnicity and Language Politics in Transition Countries*, Budapest: Open Society Institute, 2003.

Gerda Mansour, *Multilingualism and Nation Building*, Bristol: Longdunn, 1993.

Henrard Kristin and Robert Dunbar (eds.), *Synergies in Minority Protection, European and International Law Perspective*, New York: Cambridge University Press, 2008.

Jay A. Sigler, *Minority Rights: A Comparative Analysis*, Greenwood Press, 1983.

Joel Spring, *The Universal Right to Education: Justification, Definition, and Guidelines*, Mahwah, NJ: Lawrence Erlbaum Associates, 2000.

Leanne Hinton, Leena Huss and Gerald Roche (eds.), *The Routledge Handbook of Language Revitalization*, New York: Routledge, 2018.

Mairead Nic Craith, *Europe and the Politics of Language: Citizens, Migrants and Outsiders*, New York: Palgrave Macmillan, 2006.

Marc Weller, DenikaBlacklock and Katherine Nobbs, *The Protection of Minorities in the Wider Europe*, Palgrave Macmillan, 2008.

Nancy H. Hornberger and F. M. Hult, *Ecological Language Education Policy*, Oxford: Blackwell Publishing Ltd., 2008.

Robert B. Kaplan and Richard B. Baldauf, *Language Planning from Practice to Theory*, Clevedon: Multilingual Matters Ltd., 1997.

Robert L. Cooper, *Language Planning and Social Change*, New York: Cambridge University Press, 1989.

Stephen May, *Language and Minority Rights: Ethnicity, Nationalism and the Politics of Language*, London: Routledge, 2011.

Sue Wright, *Community and Communication: The Role of Language in Nation Building and European Integration*, Clevedon: Multilingual Matters, 2000.

Tove Skutnabb-Kangas and Robert Phillipson (eds.), *Linguistic Human Rights: Overcoming Linguistic Discrimination*, Berlin: Mouton de Grayter, 1994.

Tove Skutnabb-Kangas, *Linguistic Genocide in Education or Worldwide Diversity and Human Rights?* Mahwah, NJ: Lawrence Erlbaum Associates, 2000.

Tove Skutnabb-Kangas, Robert Phillipson, Ajit K. Mohanty and Minati Panda (eds.), *Social Justice through Multilingual Education*, Bristol: Multilingual Matters, 2009.

Vanessa Pupavac, *Language Rights: From Free Speech to Linguistic Governance*, Hampshire: Palgrave Macmillan, 2012.

Will Kymlicka and Alan Patten, *Language Rights and Political Theory*, Oxford, New York: Oxford University Press, 2003.

Yoram Dinstein, *The Protection of Minorities and Human Rights*, Boston: Martinus Nijhoff Publishers, 1992.

(二) 论文

Asbjørn Eide, "Ethnic Conflicts and Minority Protection: Roles for the International Community", in Kumar Rupesinghe and Valery A. Tishkov (eds), *Ethnicity and Power in the Contemporary World*, New York: United Nations University Press, 1996.

Bernard Spolsky, "Language Policy: The First Half-century", in Van Sterkenburg et al. (eds.), *Unity and Diversity of Languages*, Amsterdam John Benjamins, 2008.

Christina Bratt Paulston, "Language Policies and Language Rights", *Annual Review of Anthropology*, Vol. 26, 1997.

Chrstopher Stroud, "African Mother-tongue Program and the Politics of Language: Linguistic Citizenship Versus Linguistic Human Rights", *Journal of Multilingual and Multicultural Development*, Vol. 22, No. 4, 2001.

Einar Haugen, "Planning for a Standard Language in Norway", *Anthropological Linguistics*, Vol. 1, No. 3, 1959.

Gerry Stoker, "Governance as Theory: Five Propositions", *International Social Science Journal*, Vol. 50, No. 155, 1998.

G. Hogan-Brun, "At the Interface of Language Ideology and Practice: The Public Discourse Surrounding the 2004 Education Reform in Latvia", *Language Policy*, Vol. 5, No. 3, 2006.

Harald Harrmann, "Language Planning in the Light of a General Theory of Language: A Methodological Framework", *International Journal of the Sociology of Language*, Vol. 86, No. 1, 1990.

Heinz Kloss, "The Language Rights of Immigrant Group", *International Migrant Review*, Vol. 5, No. 2, 1971.

Iryna Ulasiuk, "Language Rights in Relations with Public Administration:

European Perspectives", *International Journal on Minority and Group Rights*, Vol. 18, No. 1, 2011.

James W. Tollefson, "Language Rights and the Destruction of Yugoslavia", in James. W. Tollefson (ed.), *Language Policies in Education: Critical Issues*, Mahwah, NJ: Lawrence Erlbaum Publishers, 2002.

Joel Beinin, "Political Islam and the New Global Economy: The Political Economy of an Egyptian Social Movement", *The New Contenial Review*, Vol. 5, No. 1, 2005.

Joel Beinin, "Workers and Egypt's Jan. 25th Revolution", *International Labor and Working-Class History*, No. 80, 2011.

Johnson Cartery, "Minority Rights for Post-Communist Countries of Europe: Is Minority Protection Required for EU Accession?" Daft Copy for Presentation at the 2004 MPSA Conference, Chicago, April, 2004.

John Walsh, "Language Policy and Language Governance: A Case-study of Irish Language Legislation", *Language Policy*, Vol. 11, No. 4, 2012.

Keith Watson, "Language, Education and Ethnicity: Whose Rights Will Prevail in an Age of Globalisation?" *International Journal of Educational Development*, Vol. 27, 2007.

Kloss H. Rippley, "The American Bilingual Tradition", *Teaching German*, Vol. 10, No. 2, 1997.

Lionel Wee, "Neutrality in Language Policy", *Journal of Multilingual and Multicultural Development*, Vol. 31, No. 4, 2010.

Nancy H. Hornberger, "Frameworks and Models in Language Policy and Planning", in T. Ricento (ed.), *An Introduction to Language Policy: Theory and Method*, Oxford: Blackwell Publishing, 2006.

Nancy H. Hornberger, "Language Policy, Language Education, Language Rights: Indigenous, Immigrant, and International Perspectives", *Language in Society*, Vol. 27, No. 4, 1998.

Niamh Nic Shuibhne, "The European Union and Minority Languages Rights", *The International Journal on Multicultural Societies*, Vol. 3, No. 2, 2001.

Richard B. Baldauf, "The Language Situation in American Samoa: Planners, Plans and Planning", *Language Newsletter*, Vol. 8, No. 1, 1982.

Richard Ruiz, "Orientations in Language Planning", *NABE Journal*, Vol. 8, No. 2, 1984.

Robert Dunbar, "Minority Language Rights in International Law", *The International and Comparative Law Quarterly*, Vol. 50, No. 1, 2001.

Ruth Rubio-Marin, "Language Rights: Exploring the Competing Rationales", in Kymlicka Will and Alan Patten (eds.), *Language Rights and Political Theory*, Oxford, New York: Oxford University Press, 2003.

Safia Swimelar, "The Making of Minority Rights Norms in the Context of EU Enlargement: The Czech Republic and the Roma", *The International Journal of Human Rights*, Vol. 12, No. 4, 2008.

Stephen May, "Language Rights: Moving the Debate Forward", *Journal of Sociolinguistics*, Vol. 9, No. 3, 2005.

Stephen May, "Language Rights: The 'Cinderella' Human Right", *Journal of Human Rights*, Vol. 10, No. 3, 2011.

Stephen May, "Misconceiving Minority Language Rights: Implications for Liberal Political Theory", in Kymlicka Will and Alan Patten (eds.), *Language Rights and Political Theory*, New York: Oxford University Press, 2003.

Stephen May, "Rearticulating the Case for Minority Language Rights", *Current Issues in Language Planning*, Vol. 4, No2, 2003.

Sue Wright, "The Right to Speak One's Own Language: Reflections on Theory and Practice", *Language Policy*, Vol. 6, 2007.

Thomas Ricento, "Historical and Theoretical Perspectives in Language Policy and Planning", *Journal of Sociolinguistics*, Vol. 4, No. 2, 2010.

Tove Skutaabb-Kangas and Robert Phillipson, "Linguistic Human Rights, Past and Present", in Tove Skutnabb-Kangas and Robert Phillipson (eds.), *Linguistic Human Rights: Overcoming Linguistic Discrimination*, Berlin: Mouton de Grayter, 1994.

Tove Skutnabb-Kangas and Robert Phillipson, "Language in Human Rights, Gazette, *The International Journal for Communication Studies*, Vol. 60, No. 1, 1998.

Tove Skutnabb-Kangas, "Human Rights and Language Wrongs-A Future for Diversity?" *Language Sciences*, Vol. 20, No. 2, 1998.

Tove Skutnabb-Kangas, "Indigenousness, Human Rights, Ethnicity, Language and Power", *International Journal of the Sociology of Language*, Vol. 213, 2012.

Tove Skutnabb-Kangas, "Language Policy and Linguistic Human Rights", in Thomas Ricento (ed.), *An Introduction to Language Policy Theory and Method*, Oxford: Blackwell, 2006.

Willima New, "Regulating Roma Language and Culture in Central Europe", *Journal of Language and Culture Education*, Vol. 2, No. 2, 2014.

Xabier Arzoz, "The Nature of Language Rights", *Journal on Ethnopolitics & Minority Issues in Europe*, Vol. 6, No. 2, 2007

三 网站

拉脱维亚教育与科学部网站，www.izm.gov.lv。

拉脱维亚内政部网站，www.iem.gov.lv。

拉脱维亚统计局网站，https://www.csb.gov.lv/en。

拉脱维亚外交部网站，https://www.mfa.gov.lv/en。

欧盟网站，https://europa.eu/。

欧洲委员会网站，https://www.coe.int/en。

世界语言网，www.ethnologue.com。

斯洛文尼亚教育、科学和体育部网站，www.mizks.gov.si。

斯洛文尼亚内务部网站，www.mnz.gov.si。

斯洛文尼亚统计局网站，https://www.stat.si/statweb。

斯洛文尼亚外交部网站，www.mzz.gov.si。

中国外交部网站，https://www.fmprc.gov.cn。

图书在版编目(CIP)数据

中东欧国家少数族群语言权利保障研究：以拉脱维亚、斯洛文尼亚为例 / 赵洪宝著. --北京：社会科学文献出版社, 2024.10. --（中国社会科学院大学文库）.
ISBN 978-7-5228-4157-1

Ⅰ. H002

中国国家版本馆 CIP 数据核字第 2024YL9025 号

中国社会科学院大学文库
中东欧国家少数族群语言权利保障研究
——以拉脱维亚、斯洛文尼亚为例

著　　者 / 赵洪宝

出 版 人 / 冀祥德
组稿编辑 / 高明秀
责任编辑 / 叶　娟
文稿编辑 / 尚莉丽
责任印制 / 王京美

出　　版／社会科学文献出版社·区域国别学分社（010）59367078
　　　　　地址：北京市北三环中路甲29号院华龙大厦　邮编：100029
　　　　　网址：www.ssap.com.cn
发　　行／社会科学文献出版社（010）59367028
印　　装／三河市龙林印务有限公司

规　　格／开　本：787mm×1092mm　1/16
　　　　　印　张：14　字　数：204千字
版　　次／2024年10月第1版　2024年10月第1次印刷
书　　号／ISBN 978-7-5228-4157-1
定　　价／98.00元

读者服务电话：4008918866

版权所有 翻印必究